2024年度版

金融業務3級

リース取引コース

試験問題集

一般社団法人 金融財政事情研究会

◇はじめに◇

本書は、金融業務能力検定「金融業務３級　リース取引コース」（CBT方式、通年実施）を受験される方の学習の利便を図るためにまとめられた試験問題集です。

リース取引は、税務、会計、法律という複数の制度のうえに成り立っています。顧客のニーズに合った営業活動を推進していくためには、１つひとつの制度に対する理解が欠かせません。

近年、リースをめぐっては、会計基準の変更をはじめ実務に大きな影響を与える制度改正が相次いでいます。また、リース物件の多様化や取引手法の高度化などにより、さらに専門的で正確な知識が必要とされています。

本書は、分野別に数多くの問題とその解説を掲載しており、問題を解くことにより、アウトプットの訓練、知識の定着が図れるだけでなく、試験の出題形式などを体感することができます。

また、リース取引に関する知識をより深めるために、本書だけでなく、基本教材である通信教育講座「リース取引がよくわかる講座」（一般社団法人　金融財政事情研究会）に取り組むことをお勧めします。

本書を有効に活用して、「金融業務３級　リース取引コース」試験に合格され、日常の業務に活かされることを願ってやみません。

2024年６月

一般社団法人　金融財政事情研究会
検定センター

◇◇目　次◇◇

第１章　基礎編

第２章　法務編

〈法令基準日〉

本書は、問題文に特に指示のない限り、2024年７月１日（基準日）現在施行の法令等に基づいて編集しています。

◇ CBT とは◇

CBT（Computer-Based Testing）とは、コンピュータを使用して実施する試験の総称で、パソコンに表示された試験問題にマウスやキーボードを使って解答します。金融業務能力検定は、一般社団法人金融財政事情研究会が、株式会社シー・ビー・ティ・ソリューションズの試験システムを利用して実施する試験です。CBT は、受験日時・テストセンター（受験会場）を受験者自らが指定できるとともに、試験終了後、その場で試験結果（合否）を知ることができるなどの特長があります。

本書に訂正等がある場合には、下記ウェブサイトに掲載いたします。
https://www.kinzai.jp/seigo/

「金融業務３級　リース取引コース」試験概要

リース取引において求められる、法律・会計・税務等の制度に関する基礎知識の習得度・実務への対応力を検証します。

■受験日・受験予約　通年実施。受験者ご自身が予約した日時・テストセンター（https://cbt-s.com/testcenter/）で受験していただきます。
受験予約は受験希望日の３日前まで可能ですが、テストセンターにより予約可能な状況は異なります。

■試験の対象者　リース会社の新人・若手・転入職員、金融機関のリース媒介業務担当者等　※受験資格は特にありません

■試験の範囲　１．基礎編　２．法務編　３．会計編　４．税務編

■試験時間　100分　試験開始前に操作方法等の案内があります。

■出題形式　四答択一式50問

■合格基準　100点満点で60点以上

■受験手数料（税込）　5,500円

■法令基準日　問題文に特に指示のない限り、2024年７月１日現在施行の法令等に基づくものとします。

■合格発表　試験終了後、その場で合否に係るスコアレポートが手交されます。合格者は、試験日の翌日以降、「リース取引アドバイザー」の認定証をマイページからPDF形式で出力できます。

■持込み品　携帯電話、筆記用具、計算機、参考書および六法等を含め、自席（パソコンブース）への私物の持込みは認められていません。テストセンターに設置されている鍵付きのロッカー等に保管していただきます。メモ用紙・筆記用具はテストセンターで貸し出されます。計算問題については、試験画面上に表示される電卓を利用することができます。

■受験教材等
・本書
・通信教育講座「リース取引がよくわかる講座」
（一般社団法人　金融財政事情研究会）

■受験申込の変更・キャンセル	受験申込の変更・キャンセルは、受験日の３日前までマイページより行うことができます。受験日の２日前からは、受験申込の変更・キャンセルはいっさいできません。
■受験可能期間	受験可能期間は、受験申込日の３日後から当初受験申込日の１年後までとなります。受験可能期間中に受験（またはキャンセル）しないと、欠席になります。

※金融業務能力検定・サステナビリティ検定の最新情報は、一般社団法人金融財政事情研究会のWebサイト（https://www.kinzai.or.jp/kentei/news-kentei）でご確認下さい。

第1章

基礎編

1－1　日本のリース産業の発展

《問》日本のリース産業の発展の背景に関する次の記述のうち、最も不適切なものはどれか。

1）高度成長期の初期において、民間企業は旺盛な設備投資意欲を有してはいたが、資金調達力は脆弱であった。

2）安定成長期において、企業は合理化・省力化投資にリースを積極的に利用した。

3）1978年の国税庁通達「リース取引に係る法人税及び所得税の取扱いについて」（いわゆるリース通達）により、リース料は損金にならなくなった。

4）1980年代以降、技術革新の急速な進展により、特に情報事務機器の陳腐化速度が著しく早まり、企業はそれに柔軟に対応するためにリースを利用した。

・解説と解答・

1）適切である。日本にリース産業が誕生した、1963～1964年頃は、わが国の経済は民間企業の旺盛な設備投資意欲に支えられて、史上類例を見ないほどの高度成長を遂げていた。その一方で、企業の資金調達能力は脆弱で、大部分が資産を担保とした銀行借入れのみに頼っており、新たな設備投資手段が求められていた。

2）適切である。安定成長期において、企業の設備投資も次第に合理化・省力化投資へと変容が進み、リースに対する需要も、こうしたダウンサイジング投資へと向かった。

3）不適切である。1978（昭和53）年７月に公表された国税庁通達「リース取引に係る法人税及び所得税の取扱いについて」（いわゆる「リース通達」）は、リース取引の税務上の位置付けを明確に規定したものであって、リース料が損金にならないと規定したものではない。

4）適切である。1980年代以降になると、急速な技術革新に伴って、企業の情報化投資へのニーズも高まりをみせた。

正解　3）

１－２　リースの経済的機能（Ⅰ）

《問》リースの経済的機能に関する次の記述のうち、最も不適切なものはどれか。

1）ユーザーから見れば、リース取引は、新たな設備調達手段である。
2）ユーザーから見れば、リースは一度に資金を用意することなく設備を調達できるなど、資金調達の代替手段として活用できる。
3）リースを利用した場合、ユーザーにとって事務手続は基本的にはリース料の支払のみで、事務をアウトソーシングした効果が得られる。
4）リースを利用した場合、リース物件にかかる税金の支払はユーザーが行う必要がある。

・解説と解答・

リースは、さまざまな経済的機能を備えた複合的性格を有する取引である。リース取引の当事者には、リース会社（賃貸人）、企業等のユーザー（賃借人、リース利用者）、サプライヤー（販売会社）の３者が存在する。

1）適切である。従来は、「自己資金による購入」あるいは「割賦購入」など自前で設備を保有する方法しか選択肢がなかった。特に中小企業では、設備調達を自前資金で賄うには限界があるが、こうした限界を克服する有力な手段の１つがリースである。
2）適切である。
3）適切である。自ら設備を購入した場合、まず資金調達に関して、借入れなど銀行とのやりとりが発生する。また物件によっては、税金の支払といったさまざまな事務処理が発生する。一方、リースを利用した場合、ユーザーにとって事務手続は基本的にリース料の支払のみであり、事務をアウトソーシングした効果が得られる。
4）不適切である。リースを利用した場合、リース物件にかかる税金の支払はリース会社が行う。

正解　4）

1－3　リースの経済的機能（Ⅱ）

《問》リースの経済的機能に関する次の記述のうち、最も不適切なものはどれか。

1）リースを利用することで、サプライヤーはリース会社から一度に代金を回収できる。

2）サプライヤーにとっては、顧客が分割で支払をしても、リースを利用してリース料支払としても、販売金融としては同じことになる。

3）サプライヤーは、掛売り、手形引受とも、回収事務は自ら行う必要があるが、リースを利用すれば回収事務はリース会社が代行するため、資金回収をアウトソーシングすることができる。

4）リースを利用すれば、サプライヤーは、代金の未回収といった貸倒リスクを回避できる。

・解説と解答・

サプライヤーが自らの製品や商品を販売する場合、顧客にその代金を一度に支払うだけの資金がない場合には、顧客が借入れをして資金を用意するか、サプライヤーが分割払いに応じるかのいずれかによる。リースに取り組むことで、顧客は資金繰りの心配をすることなく買いやすくなり、サプライヤーにとっては販売機会が増大するという効果を生む。サプライヤーはリース会社から一度に代金を回収でき、新たな販売金融手段を獲得することになる。

また、サプライヤーは現金で売上代金を決済する場合を別にすれば、掛売りにしろ、手形引受にしろ、顧客から最終的に代金を回収するまでの間に事務処理が必要になる。リースであれば、これらの事務はリース会社がすべて代行する。顧客の倒産による貸倒リスクを回避でき、資金回収をアウトソーシングできることにもなる。

1）適切である。
2）不適切である。
3）適切である。
4）適切である。

正解　2）

1－4　民法改正とリース契約

《問》2020年４月１日に施行された民法（債権法）改正がリース契約に与える影響について説明した以下の文章の空欄①、②に入る語句の組合せとして、次のうち最も適切なものはどれか。

民法611条について、改正前は「賃借物の一部が賃借人の過失によらないで（　①　）したときは、賃借人は、その（　①　）した部分の割合に応じて、賃料の減額を請求することができる」とされていたが、法改正により、「賃借物の一部が（　①　）その他の事由により使用及び（　②　）をすることができなくなった場合において、それが賃借人の責めに帰することができない事由によるものであるときは、賃料は、その使用及び（　②　）をすることができなくなった部分の割合に応じて、減額される」と改められた。

1）①滅失　　②収益
2）①滅失　　②再利用
3）①破損　　②収益
4）①破損　　②再利用

・解説と解答・

民法611条について、改正前は「賃借物の一部が賃借人の過失によらないで（①滅失）したときは、賃借人は、その（①滅失）した部分の割合に応じて、賃料の減額を請求することができる」とされていたが、法改正により、「賃借物の一部が（①滅失）その他の事由により使用及び（②収益）をすることができなくなった場合において、それが賃借人の責めに帰することができない事由によるものであるときは、賃料は、その使用及び（②収益）をすることができなくなった部分の割合に応じて、減額される」と改められた。

※ファイナンス・リース取引においては、貸手はリスク回避の観点から、当該条文の適用を排除する旨をリース契約に規定しておくことが考えられる。また、民法（債権法）改正については、その他に「瑕疵担保責任」が「契約不適合責任」とされたこと、保証を前提とするリース取引については、保証契約の内容や保証に関する実務の観点から影響を与える改正があることなども挙げられる。

正解　1）

1－5　リースの種類（Ⅰ）

《問》リースの種類に関する次の記述のうち、最も不適切なものはどれか。

1）ファイナンス・リースとは、リース期間の中途で契約を解除できないリース取引またはこれに準ずるリース取引で、借手がリース物件の経済的利益を実質的に享受し、リース物件の使用に伴うコストを実質的に負担することとなるリース取引をいう。

2）日本において行われているリースのおよそ9割以上が、オペレーティング・リースである。

3）2008年4月1日以降開始する事業年度から、新しい会計基準が適用となり、ファインナンス・リース取引は原則、「売買」と同様の会計処理を行うことが義務付けられた。

4）一般に、オペレーティング・リースの対象物件は中古品として利用可能な汎用性のあるものに限定され、一部のコンピュータ機器、自動車、建設機械、船舶、航空機等が該当する。

・解説と解答・

現在、日本で行われているリースで最も一般的なものは、ファイナンス・リースであり、およそ7割以上を占めている。このファイナンス・リースに区分されるための要件は次の2つである。

①中途解約禁止（ノン・キャンセラブル）…リース期間の中途で契約を解除できないリース取引またはこれに準ずるリース取引

②フルペイアウト…借手がリース物件の経済的利益を実質的に享受し、物件の使用に伴うコストを実質的に負担することとなるリース取引

このファイナンス・リース以外のリースを、オペレーティング・リースという。具体的には、ユーザーが物件を必要とする期間だけ使用できる賃貸借契約で、一定の予告期間を置いて自由に解約ができ、貸手は1つのユーザーから必ずしも投下資金の全額を回収しない、リースである。

1）適切である。

2）不適切である。リースの7割以上がファイナンス・リースである。

3）適切である。

4）適切である。一般に、オペレーティング・リースの対象物件は中古市場で

容易に売却が可能でそれにより未回収元本を回収できる、あるいはすぐに次のユーザーを見つけて再リースできるような物件に限定される。

正解　2）

1－6　リースの種類（Ⅱ）

《問》リースの種類に関する次の記述のうち、最も不適切なものはどれか。

1）転リースとは、リース会社がユーザーにリースした物件を、ユーザーがさらに次のユーザーにリースする契約である。
2）1つの案件に対して複数の金融機関が共同して同時期に同じ条件で融資する「シンジケートローン」と同じように、複数のリース会社が1つの案件に共同して取り組むのが「協調リース」である。
3）わが国では自動車を除いて中古市場が未発達なので、オペレーティング・リースの対象物件は自動車に限られる。
4）ユーザーが自ら調達した物件をいったんリース会社に譲渡し、これを再びリース契約により賃借するという取引を、リースバックという。

・解説と解答・

1）適切である。清涼飲料水の自動販売機の例でいえば、まず清涼飲料水のメーカーあるいはディーラーがユーザーとなり、リース会社からまとめて自動販売機全量のリースを受け、その後、その物件を自社の小売店（エンド・ユーザー）に対して転リースする。
2）適切である。協調リースに該当するのは、主に航空機や船舶など非常に高額な物件で、リース会社1社での資金供給限度額を超えることから、信用リスクの分散を図るために、「シンジケート団」を組織して協調リースを行うことになる。
3）不適切である。自動車のほかにも、一部のコンピュータ機器、建設機械、船舶、航空機等がオペレーティング・リースの対象となっている。
4）適切である。正確には「セール・アンド・リース・バック」という。リースバックには例えば、ユーザーが自動車を大量購入し価格面でメリットを享受したうえで、これをリース会社に売却し、車両を保有することから生じる税金等の支払、車検・定期点検といったいっさいの管理事務をリース会社に代行してもらうといった利用法が考えられる。

正解　3）

１−７　リース開始までの手順（Ⅰ）

《問》リース開始までの手順に関する次の行為のうち、リース会社とサプライヤー間に関するものとして最も適切なものはどれか。

1）リースの申込み、リース契約の締結
2）信用調査、借受証の交付
3）物件の納入・検収
4）物件の発注・売買契約の締結

•解説と解答•

【リース契約の手順の流れ】
0．ユーザーからリース会社へリースの申込み
1．リース会社からユーザーへのリース料見積書の提示
2．リース会社によるユーザーの信用調査
3．リース会社とユーザーのリース契約の締結
4．リース会社からサプライヤーへの物件の発注・売買契約の締結
5．サプライヤーからユーザーへの物件の納入
6．ユーザーからリース会社へ借受証（物件借受証）の交付
7．リース会社からサプライヤーへ物件代金の支払

上記より、リース会社とサプライヤー間における行為としては、4）の「物件の発注・売買契約の締結」が該当する。

正解　4）

1－8　リース開始までの手順（Ⅱ）

《問》リース開始までの手順に関する次の行為のうち、ユーザーが行うものとして最も適切なものはどれか。

1）リース物件を発注する
2）リース物件の発注に対し注文請書を発行する
3）借受証（物件借受証）を交付する
4）物件代金を支払う

・解説と解答・

1）不適切である。リース会社が行うもの。
2）不適切である。サプライヤーが行うもの。
3）適切である。
4）不適切である。リース会社が行うもの。

正解　3）

１－９　リース契約の仕組み（Ⅰ）

《問》ユーザーとリース会社間の契約に関する次の記述のうち、最も適切なものはどれか。

1）物件の占有に係る責任は、所有者であるリース会社が負う。

2）ユーザーは、リース物件に保険を付する義務を負う。

3）リース会社は、リース物件に関する契約不適合責任を負う。

4）標準的なリース契約では、ユーザーは、契約の中途解約ができない。

・解説と解答・

1）不適切である。物件の占有者としての責任は、リースのユーザーが負う。

2）不適切である。リース会社は、物件に保険を付する義務を負い、保険金受取人となる。

3）不適切である。契約不適合責任とは、売買契約に基づき引き渡された物件が種類、品質または数量に関して契約の内容に適合しない場合に負う売主の責任をいう。契約には、リース会社に契約不適合責任を免除する旨の規定がある。

4）適切である。リース事業協会が作成したリース契約書（参考）では第２条で「この契約は、この契約に定める場合を除いて解除することはできません」と記載されている。

正解　4）

1－10　リース契約の仕組み（Ⅱ）

《問》ユーザー、リース会社とサプライヤーの三者間の契約に関する次の記述のうち、最も不適切なものはどれか。

1）物件の品質・性能等の争いは、リース会社とユーザーで協議して解決する。

2）リース会社は、物件を納入するときに、それがリース物件である旨のプレート（所有権標識）を物件に付ける。

3）物件の所有権は、ユーザーが借受証（物件借受証）を交付した時点でリース会社に移転する。

4）物件の保守サービスについては、サプライヤーがユーザーに直接責任を負う。

・解説と解答・

1）不適切である。リース会社とサプライヤー間の契約書には、「サプライヤーとユーザーで協議して解決する」旨の条項が記載される。

2）適切である。リース会社とサプライヤー間の契約書に記載される。

3）適切である。リース会社とユーザー間の契約書に記載される。

4）適切である。リース会社とサプライヤー間の契約書に記載される。

正解　1）

１−11　リースの対象物件（Ⅰ）

《問》次の物件のうち、リースに最も適しているものはどれか。
1）短期間しか使用しない土木建設機械
2）会社事務所で使用するコンピュータ
3）埋め込み式の空調設備
4）汎用性のある工具

・解説と解答・

リースに適する物件は、
（1）技術革新による陳腐化が早い物件：IT・OA機器など
（2）購入価格が高い物件：航空機、船舶など
（3）管理に手間がかかる物件
などである。

1）の短期間、すなわち物件の法定耐用年数に満たない期間しか使用しない土木建設機械などについては、リースよりはレンタルのほうが経済的といえる。

2）のコンピュータは、技術革新による陳腐化が早いため、リース物件に適している。

3）の埋め込み式の空調設備は取り外しが困難な物件であり、一般にリース対象とはならない。

4）の汎用性のある（＝陳腐化しない）工具・備品などは、使用価値が劣化せずに維持され、法定耐用年数よりも長く使い続けることが可能である。このため、リースを利用し、より短い期間で償却するメリットが発揮できない。

正解　2）

1－12　リースの対象物件（Ⅱ）

《問》リースの対象物件に関する次の記述のうち、最も不適切なものはどれか。

1）トラックは使用価値が劣化せずに維持され、長く使い続けることが可能なため、リース物件にはなりえない。

2）複合機は技術革新による陳腐化が激しいため、リース物件に適している。

3）船舶は購入価格が高いため、リース物件に適している。

4）管理に手間がかかる自動車は、リース物件に適している。

・解説と解答・

1）不適切である。航空機、船舶、トラック、バスなどの輸送用機器は購入価格も高いため、リース物件に適している。

2）適切である。

3）適切である。1）に同じ。

4）適切である。自動車は車検・税金納付など手間がかかる物件なので、リース物件に適している。

正解　1）

１－13　リース料の計算（Ⅰ）

《問》リース料の構成要素に関する次の記述のうち、最も不適切ものはどれか。

1）基本額とは物件価格から見積残存価額を差し引いた金額である一方、物件価格とはリース物件の取得価格のことであり、ユーザーがサプライヤーに支払う金額は物件価格となる。

2）固定資産であるリース物件については、その所有者であるリース会社が税法に定められた税率に基づいて固定資産税を計算し、地方公共団体に納付する。

3）リース会社がリース物件購入のために金融機関から借り入れる際の調達金利を資金コストというが、調達金利の変動により資金コストが変動しても、リース料はリース期間終了まで一定である。

4）手数料には、リース料請求、減価償却費計算などの事務管理に係るリース会社の人件費に、リース会社の利益が加えられている。

・解説と解答・

リース料の構成要素は、次の５つ。

（a）基本額

（b）資金コスト

（c）固定資産税

（d）保険料

（e）手数料

1）不適切である。基本額に含まれる物件価格とは、リース物件の取得価格のことで、リース会社がサプライヤーに支払う金額である。

2）適切である。

3）適切である。

4）適切である。上記構成要素の（a）～（d）は外部要因により決まるものだが、（e）の手数料はリース会社自身で決められるものであるから、いわばリース料設定の調整弁として使われることになる。

正解　1）

1－14　リース料の計算（Ⅱ）

《問》リース料の構成要素やリース期間に関する次の記述のうち、最も不適切なものはどれか。

1）自動車のリースの場合、固定資産税は課されないが、自動車税等が課されるため、この自動車税等がリース料に含まれることになる。

2）自動車、航空機など整備された中古市場があるものについては、リース料の決定において残存価額が見積もられる。

3）リース会社はリース期間が長期になればなるほど不確定要素が増すので、短期に設定したがる傾向がある。

4）ユーザーはリース期間が長期になればなるほど毎年の資金負担が軽減するため、長期に設定したがる傾向がある。

・解説と解答・

1）適切である。

2）適切である。中古市場が整備されていない物件については、スクラップ価額以上に積極的に処分（残存）価額を見積もることはない。

　なお、ユーザーがリース期間終了時にあらかじめ設定した金額で購入できる権利を有する「購入選択権付リース」というものがあり、この場合、リース料は、リース期間終了時の購入価格を残存価額とみなして物件価格から控除して計算されるため、低く抑えられる。

3）適切である。

4）不適切である。ユーザーには、この一方で、早期に償却して税務メリットを享受するために短期化を目指すモチベーションも働くので、これらを総合して最も経済効率が良い期間を合理的に選択することになる。

正解　4）

１－15　リースのメリット・デメリット（Ⅰ）

《問》ユーザーにとってのファイナンス・リースのメリットに関する次の記述のうち、最も不適切なものはどれか。

1）設備導入時の多額の資金が不要となるため、資金の有効活用が図れる。

2）リース物件が不要となった時点で、いつでも解約して新しいリース物件に換えることができる。

3）リースを利用すれば、機械設備の固定資産台帳の作成、固定資産税の申告・納付などの事務処理はリース会社がすべて代行してくれるため、事務管理の省力化が図れる。

4）一般的に、リース期間終了後に物件はリース会社に返却されるため、自ら処分する必要はなく、処分の手間がかからない。

・解説と解答・

ユーザーの立場からみたリースのメリットとしては、

（ａ）設備導入時に多額の資金が不要
（ｂ）事務管理の省力化が図れる
（ｃ）コストを容易に把握できる
（ｄ）設備の使用予定期間にあわせてリース期間を設定できる
（ｅ）借入購入と比較して事務管理の省略化等の面で有利である
（ｆ）環境関連法制に適正に対応できる

などが挙げられる。

1）適切である。
2）不適切である。リース契約は原則として途中解約することはできない。
3）適切である。
4）適切である。リースのメリット（ｆ）につながる。

正解　2）

1－16　リースのメリット・デメリット（Ⅱ）

《問》ユーザーにとってのファイナンス・リースのデメリットに関する次の記述のうち、最も不適切なものはどれか。

1）所有の満足感が得られない。
2）リース料は借入金利に比べて表面的には割高である。
3）中途で解約ができず、リース料の支払が固定化する。
4）市場金利が上昇するとリース料も高くなる。

・解説と解答・

1）適切である。リース物件は原則として、リース期間終了後に返却されるため、当然ながら“所有の満足感”はない。
2）適切である。リース料には、（リース会社の）借入金利に加え、税金や手数料も上乗せされるため、自社で借り入れた際の金利に比べ、表面的には高くなる。
3）適切である。リースは中途解約ができないため、リース開始とともにリース期間終了までのリース料支払が確定する。
4）不適切である。契約当初に決められたリース料は期間満了まで固定され、途中で変動することはない。

正解　4）

１－17　リースと他の調達手段との相違（Ⅰ）

《問》リースとレンタルとの比較に関する次の記述のうち、最も不適切なものはどれか。

1）リースは主として企業が設備調達手段として利用するが、レンタルは貸手が保有する機器や設備などを、ユーザーが一定期間の使用を目的として賃借するときに利用する。

2）一般に、ファイナンス・リースは中途解約が禁止されているが、レンタルはユーザーの随時または一定の予告期間を置いた中途解約が可能となっている。

3）リースは通常２～６年の長期契約が多いが、レンタルは通常、時間・日・週・月単位の短期契約となることが多い。

4）物件の保守・修繕義務および危険負担は、レンタルではレンタル会社が、リースではリース会社が負う。

・解説と解答・

リースとレンタルの相違を挙げると、

（ａ）物件の使用者・使用目的

リースは主として企業がその事業に使用するために機械設備を導入する手段として利用されるが、レンタルは貸手が保有する機器や設備などを、ユーザーが一定期間の使用を目的として賃借するときに利用される。

（ｂ）契約期間中の解約の有無

一般に、ファイナンス・リースは、ユーザーからの中途解約はできないが、レンタルでは、ユーザーは随時または一定の予告期間をおいて中途解約ができる。

（ｃ）契約期間

レンタルの賃貸期間はリースに比較して短く、通常、時間・日・週・月単位で決められ、１年を超えることはほとんどない。これに対し、リース期間は、通常２年から６年の長期の契約が多い。

（ｄ）保守・修繕義務および危険負担

リースでは、物件の保守・修繕義務はリース会社ではなくユーザーが直接負う。また、地震、落雷などの偶発的な事故により物件が滅失・毀損した場合の危険負担についてもユーザーが負う。これに対し、レンタルでは、これらの義務・負担はレンタル会社が負う。

1） 2） 3）適切である。

4）不適切である。保守・修繕義務および危険負担は、リースの場合、ユーザーが負う。

正解　4）

１－18　リースと他の調達手段との相違（Ⅱ）

《問》リースと割賦購入との比較に関する次の記述のうち、最も不適切なものはどれか。

1）一般に、リースの場合は物件の所有権がリース会社にあるが、割賦購入の場合には購入契約をした時点で購入者に移転する。

2）リースと割賦購入は、一時に多額の資金を必要とせず、分割して支払うという点で類似している。

3）割賦購入の場合は通常、購入代金の10～30％程度を頭金として支払うが、リースでは、基本的に契約当初での多額の資金負担はない。

4）リース契約だけのための特別の法律はないが、割賦購入については、取引の健全な発展や購入者等の利益保護などを目的とする法律が存在する。

・解説と解答・

1）不適切である。割賦購入の場合、所有権が売主に留保され、割賦代金完済時に購入者に移転するのが一般的である。

　なお、一般に、リースは物件の賃貸借取引であり、その対価は物件使用料で、物件の所有権は最初から最後までリース会社にある。

2）適切である。

3）適切である。

4）適切である。割賦購入に関する法律として、割賦販売法がある。なお、改正割賦販売法は2021年４月に施行され、改正内容としては、①認定包括信用購入あっせん業者の創設、②登録少額包括信用購入あっせん業者の創設、③クレジットカード番号等の適切管理の義務主体の拡充、④書面交付の電子化、⑤業務停止命令の導入、などがある。

正解　1）

1－19　現在価値の計算

《問》１年間の金利を５％とする場合、２年後に受け取る100万円の現在価値として、最も適切なものはどれか。答は、万円未満を切捨てとすること。

1）89万円
2）90万円
3）91万円
4）99万円

・解説と解答・

現在価値＝将来価値÷（１＋金利）^{年数}
100万円÷（１＋0.05）^{2}＝907,029.4785⇒90万円
したがって、２）が適切である。

正解　2）

第2章

法務編

2－1　リース取引契約の特徴および法的性格（Ⅰ）

《問》リース取引契約の特徴および法的性格に関する次の記述のうち、最も適切なものはどれか。

1）リース物件に関する保守・修繕義務はサプライヤーが負担する。

2）リース会社は、リース物件に関する滅失・損傷等による損失に関する責任、契約不適合責任を負う。

3）リース会社がリース期間中のリース物件の使用をユーザーに認め、ユーザーがリース料を支払うという点で、リース契約は、法的には「消費寄託契約」と考えられる。

4）ファイナンス・リースは、リース物件に係る購入代金・諸費用のほぼ全額を、リース期間中にユーザーが支払うよう、リース料が決定される。

・解説と解答・

1）不適切である。リース物件に関する保守・修繕義務はユーザーが負担する。

2）不適切である。リース会社は、リース物件に関する滅失・損傷等による損失に関する責任、契約不適合責任を負わない。ただし、リース会社の承諾を経て、ユーザーはサプライヤーに損害賠償等を請求することができる。

3）不適切である。消費寄託契約ではなく、賃貸借契約である。

4）適切である。

正解　4）

2－2　リース取引契約の特徴および法的性格（Ⅱ）

《問》リース取引契約の特徴および法的性格に関する次の記述のうち、最も適切なものはどれか。

1）ファイナンス・リース取引は、その法的形式から見る場合、リース会社とユーザーとの間には「リース契約」および「保守契約」があるといえる。

2）ファイナンス・リース取引は、法的には「売買契約」とされる。

3）リース事業協会は、ファイナンス・リース契約を「賃貸借を中核とし、金融・サービスの側面をも包含した新たな契約類型」と位置付けている。

4）セール・アンド・リースバックは、ユーザーとリース会社間の二当事者の取引であり、他の者が関与することは考えられない。

・解説と解答・

1）不適切である。「保守契約」はない。

2）不適切である。法的には「賃貸借契約」とされる。

3）適切である。

4）不適切である。例外的に三当事者が関与する取引もある。

正解　3）

2－3　リース契約書（参考）の各種規定（Ⅰ）

《問》リース事業協会が作成したリース契約書（参考）の各種規定に関する次の記述のうち、最も適切なものはどれか。

1）リース契約書（参考）にある「リース期間」において、ユーザーは物件の引渡しを受けた日の翌日から物件を使用できるとされている。

2）リース契約書（参考）にある「物件の所有権標識」において、リース会社は、自らが物件の所有権を有する旨の標識を貼付することができるとされている。

3）リース契約書（参考）にある「物件の点検等」において、リース会社は物件の保守、点検、整備を行い、物件が損傷したときはユーザーがその費用を負担し修繕を行うものとされている。

4）リース契約書（参考）にある「相殺禁止」において、ユーザーは、本契約に基づきリース会社に対して負担する債務と、リース会社またはその承継人に対して有する債権とを、リース会社またはその承継人の事前の同意なしに、相殺することはできないとしている。

・解説と解答・

1）不適切である。引渡しを受けたとき（物件借受証記載の借受日）から物件を使用できるとされている。

2）適切である。

3）不適切である。保守、点検、整備はユーザーが行う。

4）不適切である。事前の同意は関係なく、相殺自体ができないとされている。

正解　2）

2－4　リース契約書（参考）の各種規定（Ⅱ）

《問》リース事業協会が作成したリース契約書（参考）の各種規定に関する次の記述のうち、最も適切なものはどれか。

1）リース契約書において、民法の「信義誠実の原則」に反せず、「公序良俗違反」に該当しないことなど一定の要件を満たせば、民法の規定と異なる特約を設けることができる。

2）リース契約書（参考）にある「リース契約の目的」とは、物件の選択権や中途解約を認める特例についての規定である。

3）リース契約書（参考）にある「物件の保険」において、リース会社はリース期間中（再リース期間は考慮しないものとする）、物件に保険を付け、物件に係る保険事故が発生し、ユーザーがリース契約に基づいて物件を修繕したときは、修繕費相当分のリース料を割引くとしている。

4）リース契約書（参考）にある「物件の保険」において、物件が滅失（修繕不能を含む）したときは、リース料金の半額を限度としてユーザーはリース契約に規定される損害賠償金の支払を免れるとされている。

・解説と解答・

1）適切である。

2）不適切である。「リース契約の目的」には中途解約に係る事項は規定されていない。

3）不適切である。リース料を割り引くのではなく、保険金相当額を支払う。

4）不適切である。リース料金の半額を限度としてではなく、保険金額を限度とする。

正解　1）

2－5　リース契約書（参考）の各種規定（Ⅲ）

《問》リース事業協会が作成したリース契約書（参考）の各種規定に関する次の記述のうち、最も適切なものはどれか。

1）リース契約書（参考）にある「物件の滅失・損傷」において、引渡しから返還までに物件が滅失・損傷等した場合、ユーザーは、一定の原因による場合を除き、リース料の支払いを拒んだり、リース会社に対して損害賠償等を請求したりすることはできないとされている。

2）リース契約書（参考）にある「権利の移転等」において、ユーザーが金融機関から資金調達する際の取扱いが規定されている。

3）リース契約書（参考）にある「契約違反（契約解除型）」（B方式）において、ユーザーがリース料の支払を怠ったとき、契約の条項に違反したとき、ユーザーに経営悪化や倒産の事実等があったとき、リース会社は契約を解除し、ユーザーはリース会社に物件を返還するとともに規定損害金を支払うことが規定されている。

4）リース契約書（参考）にある「再リース」において、リース契約期間満了後にユーザーが物件を引き続き使用する場合は、契約を更新するのではなく、新たにリース契約を締結しなければならないと規定されている。

・解説と解答・

1）不適切である。その原因のいかんを問わず、リース料の支払を拒んだり、リース会社に対して損害賠償等を請求したりすることはできない。

2）不適切である。ユーザーではなく、リース会社が金融機関等から資金調達する際の取扱いが規定されている。

3）適切である。

4）不適切である。所定の手続に従い、契約を更新することも可能である。

正解　3）

２－６　リース契約書（参考）の各種規定（Ⅳ）

《問》リース事業協会が作成したリース契約書（参考）の各種規定に関する次の記述のうち、最も適切なものはどれか。

1）リース契約書（参考）にある「物件の返還・清算」において、リース会社は、契約締結時に施行されていない法令により生じた物件の廃棄等の費用についてユーザーに求めることがないことが規定されている。

2）リース契約書（参考）にある「連帯保証人」において、根保証型の場合、連帯保証人はリース契約に基づく債務に加え再リース契約に関する債務も保証することが規定されている。

3）リース契約書（参考）にある「特約」において、ユーザーおよびリース会社双方が必要と認めた特約については、リース契約の他の条項に劣後して適用される旨が規定されている。

4）リース契約書（参考）にある「通知の効力」において、リース会社によるユーザーまたは連帯保証人に対する通知は、実際に通知に関する書面が到達した日から効力が生じると規定されている。

・解説と解答・

1）不適切である。リース会社は、契約締結時に施行されていない法令により生じた物件の廃棄等の費用の全部または一部の負担をユーザーに求めることができるとされている。

2）適切である。

3）不適切である。特約は他の条項に優先して適用される。

4）不適切である。書面については、通常到達すべき日に到達したものとみなし、実際に当該書面が延着したり到着しなかったりした場合でもそのことに伴うユーザーの損害や不利益は主張できないとされている。

正解　2）

2－7　中途解約（Ⅰ）

《問》リース期間中の中途解約に関する次の記述のうち、最も適切なものはどれか。

1）リース契約においては、一般に、リース期間中におけるユーザーからの一方的な解約が禁止されている。
2）リース契約において、サプライヤーや運送事業者の責任となるような事態が生じて物件の引渡しがされなかった場合、ユーザー側は中途解約することは認められないが、リース料の支払を拒むことができる。
3）リース契約では、契約書上、「中途解約禁止」の明文規定がない場合は、ユーザーからの解約が当然に認められる。
4）リース物件に精通しているリース会社は、リース物件に係る投下資金を確実に回収するノウハウがあることから、一般に、リース期間中におけるユーザーからの中途解約を認めている。

・解説と解答・

1）適切である。
2）不適切である。設問のような場合でもリース料の支払を拒むことはできない。
3）不適切である。明文規定がない場合においても、ユーザーに解約権が留保されていない限り、ユーザーからの解約は原則として認められない。
4）不適切である。リース物件に精通しているリース会社が、一般に、リース期間中におけるユーザーからの中途解約を認めているというのは不適切である。リース会社は、投下資金を確実に回収するために、リース期間中での中途解約を認めないこととしている（オペレーティング・リース契約を除く）。

正解　1）

２－８　中途解約（Ⅱ）

《問》ファイナンス・リースのリース期間中の中途解約に関する次の記述のうち、最も適切なものはどれか。

1）リース契約書上、ユーザーからの中途解約が認められない理由の１つに、リース会社がユーザーのために購入したリース物件の購入代金とリース取引に要する諸費用のほぼ全額を、リース期間中にユーザーが支払うようにリース料が決定されていることが挙げられる。

2）中途解約不能のリース契約の対象に土地は含まれない。

3）ユーザーとリース会社が合意して中途解約となる場合、リース会社はユーザーに対して規定損害金の全額を請求するが、ユーザーはその支払を一括で行わなければならない。

4）中途解約条項については、リース事業協会が作成したリース契約書（参考）第20条において、Ａ～Ｃ方式があり、リース会社がユーザーに求める支払額は各方式において大きく異なる。

・解説と解答・

1）適切である。

2）不適切である。近年、パッケージ・リースなどの形で建物、土地がリース契約に含まれることがある。

3）不適切である。その支払を分割する場合もある。

4）不適切である。Ａ方式（期限の利益喪失型）、Ｂ方式（契約解除型）、Ｃ方式（折衷型）のどの方式においても、リース会社がユーザーに求める支払額は未払いのリース料相当額である。

正解　1）

2－9　ファイナンス・リース事業者における マネロン・テロ資金供与ガイドライン

《問》リース事業協会の作成した「ファイナンス・リース事業者におけるマネー・ローンダリング及びテロ資金供与対策に関するガイドライン」において、会員会社が法人顧客との間でファイナンス・リース取引（通常取引）の契約を締結する際の取引時確認で留意すべき事項として、次のうち最も不適切なものはどれか。

1）顧客等の本人特定事項の確認
2）取引を行う目的
3）法人の実質的支配者の確認
4）法人代表者の国籍

・解説と解答・

1）適切である。代表者等が取引の任に当たっていることの確認を確実に行うこと、等が規定されている。

2）適切である。経済産業省が示した留意事項を参考として、業務用設備または業務外設備の確認を確実に行うこと、なお、留意事項で示された類型は例示であるため、会員会社において、これらの類型を参考としつつ、特定取引の内容や個別の業務・取引実態等に応じ、異なる類型により確認することは差しつかえない、とされている。

3）適切である。顧客等が法人の場合は、その法人の実質的支配者の確認（外国PEPsの該当・非該当の確認を含む）を確実に行うこと、実質的支配者の確認は、代表者等からの申告を受けて行うが、会員会社の知識、経験およびその保有するデータベース等に照らして合理的でないと認められる者を実質的支配者として申告している場合は、代表者等に対して正確な申告を促すものとする、等とされている。

4）不適切である。国籍の確認は個人顧客との取引で確認される事項である。犯罪による収益の移転防止に関する法律4条1項。

　なお、公益社団法人リース事業協会は上記ガイドラインのほかにも、「中小企業向けのリース契約に関する経営者保証ガイドライン」などを策定しており、リース取引に関わる者にとって重要な資料となっている（リース事業協会ホームページで公開されている）。経営者保証ガイドラインは、「リース取引は、中小企業・小規模事業者にとって重要な設備投資方法として位置づけられているなか、当協会の会員会社（中略）は、このガイドラインによる取組を通じて、中小企業・小規模事業者向けのリース契約に係る不必要な経営者保証の更なる削減を目指し、中小企業・小規模事業者の生産性向上に向けた設備投資に更に貢献することが期待される」と位置付けられている。

正解　4）

2－10　リース契約の成立とリース開始日

《問》リース契約の成立とリース開始日に関する以下の文章の空欄に入る語句として、最も適切なものはどれか。

> リース契約はその締結により成立するが、一般に、リース契約書では、ユーザーがリース会社に発行する物件借受証記載の「(　　)」をリース期間の始期としているため、契約締結時点では、リース料の支払、物件を使用する権利など契約上の権利義務関係は発生していない。

1）借受日
2）搬入日
3）発送日
4）購入日

・解説と解答・

リース契約はその締結により成立するが、一般に、リース契約書では、ユーザーがリース会社に発行する物件借受証記載の「(借受日)」をリース期間の始期としているため、契約締結時点では、リース料の支払、物件を使用する権利など契約上の権利義務関係は発生していない。

正解　1）

２－11　リース取引のおおまかな流れ

《問》一般的なファイナンス・リース取引におけるユーザー側のおおまかな流れにおいて、①「検収」、②「リース料の支払」、③「リース契約の締結」、④「借受証（物件借受証）発行」の発生する順序として、次のうち最も適切なものはどれか。

1）④→②→③→①
2）④→③→①→②
3）③→②→①→④
4）③→①→④→②

・解説と解答・

一般的なファイナンス・リース取引のおおまかな流れは次の通り。物件の選択・決定→リース会社の選択→リースの申込み→リース会社による審査→リース契約の締結（③）→リース会社とサプライヤーによる物件の売買契約の締結→物件の納入と検収（①）→借受証（物件借受証）発行（④）→リース会社による物件代金の支払→リース料の支払（②）……等となる。

正解　４）

2－12　リース物件の契約不適合責任（Ⅰ）

《問》リース物件の契約不適合責任に関する次の記述のうち、最も不適切なものはどれか。

1）一般に、リース契約書において、ユーザーは、リース契約締結後は、品質等の不適合を理由としてリース契約を解除したり、リース会社に損害賠償を請求したりすることはできないとされている。
2）リース契約においては、リース物件の品質等に不適合があった場合、ユーザーは原則としてサプライヤーに直接、損害賠償などの請求を行う。
3）リース契約書にリース物件の契約不適合に係るリース会社の免責規定が置かれた理由の１つとして、通常、リース会社はユーザーの指定に応じて物件の発注をするに過ぎないことが挙げられる。
4）リース契約書にリース物件の契約不適合に係るリース会社の免責規定が置かれた理由の１つとして、リース会社が直接リース物件の引渡しを確認しているわけではないことが挙げられる。

・解説と解答・

1）不適切である。リース契約締結後ではなく、リース会社が借受証（物件借受証）を受領してからである。
2）適切である。
3）適切である。
4）適切である。

正解　1）

２－13　リース物件の契約不適合責任（Ⅱ）

《問》リース物件の契約不適合責任に関する次の記述のうち、最も不適切なものはどれか。

1）リース契約においては、リース物件の品質等に不適合があった場合でも、リース会社が借受証（物件借受証）を受領した後はリース会社はその責任を負わない。

2）リース契約書にリース物件の契約不適合に係るリース会社の免責規定が置かれた理由の１つとして、リース料算定において、リース物件の品質等の不適合のための費用を見込んでいないことが挙げられる。

3）リース取引において、リース会社はサプライヤーに直接、ユーザー宛の保証書を交付させるよう手配する場合がある。

4）リース契約書において、サプライヤーが直接ユーザーに対して損害担保責任を負うべき規定が盛り込まれていない場合、リース物件に品質等の不適合があったとしても、サプライヤーは直接、ユーザーに対して損害担保責任を負うことはない。

・解説と解答・

1）適切である。

2）適切である。

3）適切である。

4）不適切である。規定がない場合においても、リース取引の仕組みや業界の慣習等を勘案すれば、サプライヤーは直接、ユーザーに対して損害担保責任を負うべきとする考え方もある。

正解　4）

2－14　リース物件の滅失・損傷と危険負担（Ⅰ）

《問》リース物件の滅失・損傷と危険負担に関する次の記述のうち、最も適切なものはどれか。

1）リース契約においては、天災や偶発的な事故等によってリース物件が滅失・損傷して物件が使用できなくなった場合、リース会社（貸主）は賃料の減額等の責任を負わないが、一般的な賃貸借契約においても同様に、天災や不可抗力による事故等によって物が滅失・損傷した場合の危険負担を賃貸人は負わないとされている。

2）リース事業協会が作成したリース契約書（参考）の「物件の滅失・損傷」規定においてリース会社が危険負担を負わないこととされている理由の１つとして、ユーザーがリース契約を解除することが困難であることが挙げられる。

3）通常、リース物件にはユーザーを保険契約者とする動産総合保険が付保され、リース物件に滅失・損傷等があった場合でも、ユーザーの実質的な危険負担は少ない。

4）リース契約に付保される動産総合保険の保険料は、リース料の算定要素に含まれ、通常、リース料に含まれて支払われる。

・解説と解答・

1）不適切である。一般的な賃貸借契約では、天災や不可抗力による事故等によって物が滅失・損傷した場合の危険負担は賃貸人が負う（民法611条）。

2）不適切である。ユーザーがリース契約を解除することが困難であることが理由ではなく、通常リース物件には保険が付されているため、損害の大部分は保険でカバーできるとされているからである。

3）不適切である。当該保険の保険契約者はリース会社である。

4）適切である。

正解　4）

2－15　リース物件の滅失・損傷と危険負担（Ⅱ）

《問》リース物件の滅失・損傷と危険負担に関する次の①～③の記述のうち、適切なものはいくつあるか。

①天災によりリース物件に損傷が生じ、修繕が不可能でリース契約の継続が不可能な場合、サプライヤーはリース会社に対して、規定に基づく損害賠償金を支払う。
②リース契約に動産総合保険を付保することにより、ユーザーの故意・重過失によらないリース物件の滅失や使用に耐えない損害については、通常、保険金が給付される。
③動産総合保険が付保されているリース契約において、ユーザーは、実際に保険事故に該当する物件の滅失・損傷等が生じた場合には、遅滞なくリース会社およびサプライヤーに通知する必要がある。

1）1つ
2）2つ
3）3つ
4）0（なし）

・解説と解答・

①不適切である。規定に基づく損害賠償金を支払うのはユーザーである。
②適切である。
③不適切である。保険事故の場合、リース会社への通知は求められるが、サプライヤーへの通知までは求められていない。
したがって、適切なものは1つ。

正解　1）

2－16　リース物件の保守・修繕義務（Ⅰ）

《問》リース物件の保守・修繕義務に関する次の①～③の記述のうち、適切なものはいくつあるか。

①リース契約とは別に保守・修繕契約をリース会社がユーザーと締結することはない。
②リース契約のなかに、保守・修繕を有償で行う条項を加えたりすることがあるが、これをリペア・リースという。
③リース事業協会が作成したリース契約書（参考）の規定において保守・修繕義務をユーザーの負担とする理由の１つとして、多種多様なリース物件すべてについて、リース会社が保守・修繕を行うことは、技術的、物理的、地理的に困難が伴うことが挙げられる。

1）１つ
2）２つ
3）３つ
4）０（なし）

・解説と解答・

①不適切である。通常はユーザーがリース物件の修繕義務を負い、サプライヤーとの間で保守・修繕契約を締結するが、保守・修繕契約をリース会社とユーザーが締結したり、リース契約のなかに、保守・修繕を有償で行う条項を加えたりすることがある。
②不適切である。メンテナンス・リースという。
③適切である。
　したがって、適切なものは１つ。

正解　1）

２－17　リース物件の保守・修繕義務（Ⅱ）

《問》リース物件の保守・修繕義務に関する次の記述のうち、最も不適切なものはどれか。

1）一般に、リース契約においては、リース料の算定において物件の保守・修繕費用は含まれない。

2）リース契約において、ユーザーは、善良なる管理者の注意義務をもって、リース物件を使用・管理することが求められている。

3）ユーザーとメンテナンス業者が保守契約を締結しているケースにおいて、ユーザーの故意・過失等によりリース物件が故障した場合、ユーザーはメンテナンス業者から通常の保守料以外に別途費用請求されることがある。

4）リース物件が修繕を要するにもかかわらず、ユーザーが放置していた場合、不利益を被るのはユーザーなので、リース契約違反とはならない。

・解説と解答・

1）適切である。

2）適切である。

3）適切である。

4）不適切である。リース物件が修繕を要するにもかかわらず、ユーザーが放置していた場合、ユーザーのリース契約違反となる。

正解　4）

2－18　リース物件の返還と清算（Ⅰ）

《問》リース物件の返還と清算に関する次の記述のうち、最も適切なものはどれか。

1）一般に、リース契約において、リース契約が解除になった場合、ユーザーはリース物件をリース会社に返還するが、リース契約が満了となり、リース物件を返還する場合、ユーザーはリース物件をサプライヤーに返還する。

2）ユーザーがリース物件を返還する場合、返還に要する梱包、運搬費用等は、原則としてユーザーの負担となる。

3）リース物件が返還されて処分される場合、通常、処分費用はユーザーの負担となる。

4）リース物件を廃棄物として処理する場合、当該廃棄物はすべて一般廃棄物として処理される。

・解説と解答・

1）不適切である。いずれもリース会社に返還する。

2）適切である。

3）不適切である。通常、処分費用はリース会社の負担となる。

4）不適切である。リース会社は物件の所有者なので、原則として、産業廃棄物として物件を適切に処分する責任がある（廃棄物の処理及び清掃に関する法律２条２項、同法施行令２条各号)。

正解　2）

2－19　リース物件の返還と清算（Ⅱ）

《問》ユーザーとリース会社の合意に基づく中途解約において、中途解約時に返還したリース物件につき転売等が行われた場合、規定損害金（ユーザー支払済）を300万円、物件のリース満了時の見込残存価額を30万円、転売価格を100万円とした場合、ユーザーに返還される価格として、次のうち最も適切なものはどれか。なお、税金等の要件は考慮しないものとする。

1）０円
2）30万円
3）70万円
4）100万円

・解説と解答・

転売価格100万円のうち、30万円についてはリース会社の収入となる。一方、残りの100万円－30万円＝70万円については、物件の処分価値と満了時の見積り残存価値の差額の清算としてユーザーに返還される。

正解　3）

2－20　リース期間の終了と再リース（Ⅰ）

《問》リース期間の終了および再リースに関する次の記述のうち、最も適切なものはどれか。

1）当初のリース期間が終了する場合、リース会社はユーザーに対し、リース物件の使用を終了するか、再リースするかの意思確認を書面にて行うが、当該確認は、通常、リース期間が終了する20日前に送付される。

2）ユーザーは、自身が長く使用するリース物件は、基本リース期間を長くして再リース期間を減らす方法も検討すべきである。

3）リース事業協会が作成したリース契約書（参考）は、再リース契約について3つの方法を定めている。

4）ユーザーが再リースすることを選択した場合、リース会社はユーザーとの間で再リース契約を締結するが、再リース契約は通常、半年単位の契約となることが多い。

・解説と解答・

1）不適切である。通常、リース期間終了前2～4カ月の時期に送付される。

2）適切である。

3）不適切である。再リース契約については2つの方法が定められている。新たな契約を締結する方法と、契約書にあらかじめ再リース料等を定めておき、その条件に基づき更新する方法がある。

4）不適切である。通常、1年単位の契約となる。

正解　2）

２－21　リース期間の終了と再リース（Ⅱ）

《問》リース期間の終了および再リースに関する次の記述のうち、最も適切なものはどれか。

1）再リース契約において、動産総合保険は必ず付保される。

2）再リース取引のリース料は、通常、基本リース料の年間支払額に対し10分の１から12分の１程度の金額（自動車や工作機械等の中古市場が整備されている場合を除く）となる。

3）再リース料の支払方法は、通常、毎月払いで支払われることが多い。

4）再リース契約に関しては、リース会社は契約締結を拒否することができるかできないかについては見解が分かれるが、実際にはリース会社は再リース契約を拒否することが多い。

・解説と解答・

1）不適切である。通常、リース資産の残存帳簿価額に見合う金額は、基本リース期間内に回収されていることから、再リース契約においては、動産総合保険が付保されないことが多い。

2）適切である。

3）不適切である。通常、１年分を前払いすることが多い。

4）不適切である。実務上は、リース会社は再リース契約をほとんどの場合締結している。

正解　2）

2－22　リースに関連する法律

《問》リースに関連する法律に関する次の記述のうち、最も適切なものはどれか。

1）自家用自動車のリースにおいて、ユーザーが当該自動車の使用者である場合、道路運送法の規定により、国土交通大臣の許可を要する。
2）中古品のリースにおいて、リース会社がリース期間終了後に当該リース物件を売却する場合は、古物営業法の許可を要する。
3）医療機器のリース（ファイナンス・リースの取引形態）は、「医薬品、医療機器等の品質、有効性及び安全性の確保等に関する法律」により、許可が必要となる。
4）物品の賃貸であるファイナンス・リースを行う場合、貸金業法による都道府県知事への登録が必要である。

・解説と解答・

1）不適切である。設問の場合、従来は許可を要したが、2006年10月より許可制度が廃止された（道路運送法80条1項ただし書参照）。
2）適切である。
3）不適切である。医療機器を業として売買または賃貸する場合は許可が必要であるが、ファイナンス・リースの取引形態のものは、賃貸する医療機器の陳列その他管理と行う者が許可を受けていることが多く、通常は許可を要しない。
4）不適切である。貸金業法は適用されない（貸金業法2条1項参照）。

正解　2）

2－23　リース契約におけるユーザーの債務の保証

《問》リース契約におけるユーザーの債務の保証に関する以下の文章の空欄①、②に入る語句の組合せとして、次のうち最も適切なものはどれか。

> リース取引においては、通常、保証人が催告の抗弁および検索の抗弁を有しない連帯保証が用いられ、当該保証の被保証債務の範囲が特定の債務であれば（　①　）契約、不特定の債務であれば（　②　）契約となる。

1）①特定債務保証　　②根保証
2）①特定債務保証　　②不特定債務保証
3）①根保証　　②特定債務保証
4）①根保証　　②不特定債務保証

・解説と解答・

リース取引においては、通常、保証人が催告の抗弁および検索の抗弁を有しない連帯保証が用いられ、当該保証の被保証債務の範囲が特定の債務であれば（①特定債務保証）契約、不特定の債務であれば（②根保証）契約となる。

正解　1）

2－24　保証

《問》保証の説明に関する次の記述のうち、適切なものはいくつあるか。

①催告の抗弁権とは、保証人が、債権者から保証債務の履行を請求された場合に、主たる債務者が破産手続開始決定を受けたとき、またはその行方が知れないときを除いて、まず先に、主たる債務者に対して催告するよう請求できる権利である。
②検索の抗弁権とは、保証人が、債権者から保証債務の履行を請求された場合に、主たる債務者に弁済の資力があり、かつ、執行が容易であることを証明することにより、まず先に、主たる債務者の財産に対して執行するよう請求できる権利である。
③分別の利益とは、1つの主たる債務について、数人の保証人がいる場合、主たる債務の額を債務者と保証人の合計人数で等分し、各保証人は、分割された額についてのみ保証債務を負担すればよいことをいう。
④分別の利益は、主たる債務者と連帯して債務を負担する連帯保証契約には認められないので、各保証人は、主たる債務の全額について、保証債務を負担することになる。

1）1つ
2）2つ
3）3つ
4）4つ

・解説と解答・

①適切である（民法452条）
②適切である（民法453条）
③不適切である。分別の利益とは、1つの主たる債務について、数人の保証人がいる場合、主たる債務の額を保証人の人数で等分し、各保証人は、分割された額についてのみ保証債務を負担すればよいことをいう（民法456条、427条）。
④適切である。
したがって、適切なものは3つ。

正解　3）

２－25　消費者契約法

《問》消費者契約法に関する次の記述のうち、最も不適切なものはどれか。

１）消費者契約法における「消費者」とは個人を意味しており、事業としてまたは事業のために契約の当事者となる個人も含まれる。

２）消費者契約法によれば、消費者契約の締結の勧誘に際して、事業者が重要事項について事実と異なることを告げ、消費者がその告げられた内容が事実であると誤認して契約の申込みを行ったときは、同法の規定に基づき、消費者は当該契約を取り消すことができる。

３）消費者契約法の適用範囲は、物品販売等を含む事業者と消費者との間で締結される契約全般である。

４）一般に、消費者契約のなかに、事業者の損害賠償責任の全部を免除する条項があった場合、消費者が取消しを求めなくとも、当該条項はその全部が無効となる。

・解説と解答・

１）不適切である。消費者契約法における「消費者」とは、「個人（事業として又は事業のために契約の当事者となる場合におけるものを除く。）をいう」と定義されている（消費者契約法２条１項）。

２）適切である。消費者契約法４条違反の効果は、消費者契約の取消しである（消費者契約法４条１項１号）。

３）適切である。消費者契約法における「消費者」と「事業者」との間で締結される契約であれば、消費者契約法の適用範囲となる（消費者契約法２条）。

４）適切である（消費者契約法８条１項各項）。なお、リース契約ではリース会社がサプライヤーとの売買契約において、サプライヤーが物件の品質等の不適合責任を負うことが規定されており、結果的にリース会社は免責される。

正解　１）

2－26　個人情報保護法

《問》個人情報の保護に関する法律（個人情報保護法）および「個人情報の保護に関する法律についてのガイドライン（通則編）」（委員会ガイドライン（通則編））における「個人情報」の定義に関する次の記述のうち、最も適切なものはどれか。

1）「個人情報」には、コンピュータ（電磁的記録）に記録されている個人に関する情報のみが該当する。

2）「個人情報」には、日本国内に居住する個人に関する情報のみが該当する。

3）「個人情報」の「個人」は、日本国民に限られ、外国人は含まれない。

4）「個人情報」には、個人に関する文字による情報だけではなく、本人の氏名が含まれる等の理由により、特定の個人を識別できる音声録音情報も該当する。

・解説と解答・

1）不適切である。「個人情報」は、コンピュータに記録されているか否かを問わない（個人情報保護法２条１項参照）。

2）不適切である。個人情報保護法にいう「個人」について、日本国内に居住している個人に限るという要件はない（個人情報保護法２条１項および委員会ガイドライン（通則編）２－１参照）。

3）不適切である。個人情報保護法にいう「個人」は、日本国民に限定されておらず、外国人もそれに含まれる（委員会ガイドライン（通則編）２－１の※３なお書き参照）。

4）適切である（個人情報保護法２条１項１号、委員会ガイドライン（通則編）２－１、事例４）参照）。

正解　4）

第3章

会計編

3－1　損益計算書

《問》金融商品取引法会計における損益計算書に関する次の記述のうち、最も不適切なものはどれか。

1）特別損益には、臨時的な損益（風水害損失など）や、過年度の財務諸表の誤りを修正する損益が含まれる。

2）損益計算書は、継続企業における一定期間の経営成績を明らかにする財務諸表である。

3）一般に、損益計算書では、営業損益の部等、計算区分ごとの段階的利益が表示される。

4）損益計算書の営業損益の部では、売上高から売上原価を差し引いて売上総利益を表示し、さらにそこから販売費及び一般管理費を差し引いて営業利益を表示する。

・解説と解答・

1）不適切である。過去の財務諸表における誤りが発見された場合は、原則として当期の損益計算書に影響額を計上することなく、過去の財務諸表を直接的に修正再表示する（企業会計基準第24号）。

2）適切である。なお、貸借対照表は、一定期間（会計期間）のある時点（期末）での財政状態を明示する。

3）適切である。

4）適切である。なお、経常損益の部では、経常利益を計算・表示し、純損益（特別損益）の部では、当期純利益を計算・表示する。

正解　1）

3－2　総資産利益率（ROA）

《問》Ｘ社のある決算期における総資産が2,000、資本金が700、利益剰余金が300、営業利益が250であるとき、Ｘ社の総資産利益率（ROA）として、次のうち最も適切なものはどれか。なお、他の条件は考慮しないものとする。

1）12.5％
2）20％
3）25％
4）27.5％

・解説と解答・

総資産利益率＝利益÷総資産（％）
　　　　　　＝250÷2,000×100＝12.5％

本問の計算においては、利益として、営業利益を用いたが、経常利益や当期純利益を用いることもある。

なお、総資産利益率（ROA）は、次のように展開され、分析されることが一般的である。

$$\mathrm{ROA}=\frac{\text{利益}}{\text{総資産}}=\frac{\text{利益}}{\text{売上高}}\times\frac{\text{売上高}}{\text{総資産}}=\text{（売上高利益率）}\times\text{（総資産回転率）}$$

正解　1）

3－3　リース会計基準とその変遷（Ⅰ）

《問》リース会計基準およびその変遷に関する次の記述のうち、最も適切なものはどれか。

1）「リース取引に関する会計基準」（企業会計基準13号）では、オペレーティング・リース取引を含むリース取引を、特定の物件の所有者たる貸手が当該物件の借手に対し、合意された期間にわたり使用収益する権利を与え、借手は、合意された使用料を貸手に支払う取引としている。
2）オペレーティング・リース取引の要件として、ユーザーは中途解約ができないことが挙げられる。
3）オペレーティング・リース取引は、特定ユーザーから投下資金の全額を回収する取引であり、対象物件を当該リース契約後に中古市場等での売却等により利益を得ることができる物件に限定している。
4）日本のリース取引においては、オペレーティング・リース取引が大半を占めているといえる。

・解説と解答・

1）適切である。
2）不適切である。オペレーティング・リース取引は、中途解約が可能かフルペイアウトでない取引などが該当する。
3）不適切である。オペレーティング・リース取引は、特定のユーザーから必ずしも投下資金の全額を回収しないリース取引である。
4）不適切である。ファイナンス・リース取引が大半を占めている。

正解　1）

1963年	わが国最初のリース会社設立（賃貸借処理を採用）
1993年	「リース取引に係る会計基準に関する意見書（旧リース会計基準）」公表 ・ファイナンス・リース：売買処理（所有権移転外ファイナンス・リース取引について賃貸借処理（例外処理）を認める） ・オペレーティング・リース：賃貸借処理
2007年	「リース取引に関する会計基準」公表（2008年４月１日以降開始する事業年度から適用開始） ・ファイナンス・リース：売買処理（賃貸借処理（例外処理）の廃止） ・オペレーティング・リース：賃貸借処理

３－４　リース会計基準とその変遷（Ⅱ）

《問》所有権移転外ファイナンス・リース取引に関し、1993年に公表された旧リース会計基準において認められていた「例外処理」の廃止を骨子とするリース会計基準が適用された事業年度として、次のうち最も適切なものはどれか。

１）1997年４月１日以降開始する事業年度
２）2000年４月１日以降開始する事業年度
３）2008年４月１日以降開始する事業年度
４）2012年４月１日以降開始する事業年度

・解説と解答・

１）不適切である。
２）不適切である。
３）適切である。2007年３月に公表され、2008年４月１日以降開始する事業年度から適用されている。
４）不適切である。

正解　３）

3－5　所有権移転ファイナンス・リース取引に該当するリース取引（Ⅰ）

《問》法人税法上、所有権移転ファイナンス・リース取引に該当するリース取引として、次のうち最も不適切なものはどれか。

1）譲渡条件付（所有権移転条項付）リース取引
2）割安購入選択権付リース取引
3）特別仕様物件のリース取引
4）リース期間がリース資産の法定耐用年数よりも長いリース取引

・解説と解答・

1）適切である。
2）適切である。
3）適切である。
4）不適切である。本肢は、法人税法上の所有権移転外リース取引の区分に係るものであり、リース期間がリース資産の法定耐用年数比して相当短いリース取引という要件に該当しないものを所有権移転外リース取引としており、選択肢のリース取引は所有権移転外リース取引となる（国税庁タックスアンサーNo.5704）。また、リース取引会計基準において、ファイナンス・リース取引のうち、選択肢1）～3）のいずれかに該当しないものは、所有権移転外ファイナンス・リース取引に該当するものとされる。

正解　4）

3－6　所有権移転ファイナンス・リース取引に該当するリース取引（Ⅱ）

《問》リース会計基準上、所有権移転ファイナンス・リース取引に該当しないのは、次のうちどれか。

1）譲渡条件付リース取引
2）割安購入選択権付リース取引
3）特別仕様物件のリース取引
4）メンテナンス・リース取引

・解説と解答・

ファイナンス・リース取引は、さらに契約条項および物件の状態によって、所有権移転ファイナンス・リースと所有権移転外ファイナンス・リースとの区分が判定される。所有権移転ファイナンス・リースに当たるのは、

（1）譲渡条件付リース取引…リース契約上、リース期間終了後またはリース期間の中途で、リース物件の所有権が借手に移転することとされているリース取引

（2）割安購入選択権付リース取引…リース契約上、借手に対して、リース期間終了後またはリース期間の中途で、名目的な価額またはその行使時点のリース物件の価額に比して著しく有利な価額で買い取る権利（割安購入選択権）が与えられており、その行使が確実に予想されるリース取引

（3）特別仕様物件のリース取引…リース物件が、借手の用途等に合わせて特別の仕様により製作または建設されたものであって、当該リース物件の返還後、貸手が第三者に再びリースまたは売却することが困難であるため、その使用可能期間を通じて借手によってのみ使用されることが明らかなリース取引である。

よって、4）は該当しない。なお、メンテナンス・リース取引とは、リース契約のなかに、リース物件の修理・保守管理などのメンテナンス契約が付随しているリース取引をいう。

正解　4）

3－7　リース取引に係る会計処理（賃貸借処理）

《問》リース取引に係る会計処理（賃貸借処理）に関する次の記述のうち、最も不適切なものはどれか。

1）借手側の貸借対照表では、リース資産およびリース債務がオフバランスとなる。
2）貸手側の貸借対照表では、リース物件を「リース資産（賃貸資産）」として計上する。
3）借手側の損益計算書では、支払リース料をリース債務残高に係る支払利息とリース債務（元本）の支払として処理し、リース資産の減価償却計算を行う。
4）貸手側の損益計算書では、借手から受けるリース料を受取リース料として営業収益に計上し、リース資産の減価償却を行い、リース原価として計上する。

・解説と解答・

1）適切である。
2）適切である。
3）不適切である。これは、売買処理における、借手の損益計算書上の会計処理方法である。一般に、賃貸借処理においては、借手は、リース料を支払時に支払リース料として費用計上する。
4）適切である。

正解　3）

３－８　ファイナンス・リース取引の会計処理（Ⅰ）

《問》以下の設例において、リース取引を会計処理する場合の借手側の会計処理に関する次の記述のうち、最も適切なものはどれか。

【設例】以下のような条件で、ファイナンス・リース取引を行う。
・リース期間：５年。Ｘ０年４月１日物件引渡し。
・リース物件の価額：1,000,000円（借手の見積現金購入価額も同額）
・適用金利：年４％
・リース料総額：1,123,135円
・毎年の支払リース料：224,627円
・リース期間満了時のリース物件の残存価値はないものとする。
・リース物件は、営業用車両（車両運搬具）とする。
・リース物件に係る税金・保険料等の維持管理費用については、考慮しないものとする。
・貸手の物品購入資金に係る支払利息を年２万円とする。

〈リース料支払（回収）予定表〉
借手・貸手とも３月決算会社、リース料は年度末一括支払とする。

リース料支払日	期首元本	支払額			期末元本
		元本償還額	利息相当額	支払合計額	
Ｘ１年３月31日	1,000,000	184,627	40,000	224,627	815,373
Ｘ２年３月31日	815,373	192,012	32,615	224,627	623,361
Ｘ３年３月31日	623,361	199,693	24,934	224,627	423,668
Ｘ４年３月31日	423,668	207,680	16,947	224,627	215,988
Ｘ５年３月31日	215,988	215,988	8,639	224,627	—
	合計	1,000,000	123,135	1,123,135	

（注）利息相当額の配分は、利息法による。上表は、適用金利を４％として計算。

１）売買取引として会計処理する場合、借手側はリース物件を自分で購入した場合と同様に処理する必要があり、リース資産の取得価額は1,000,000円である。

２）売買取引として会計処理する場合、リース物件の減価償却処理は、借方をリース資産、貸方を減価償却費として処理し、定額法の場合、１年当たりの減価償却費は200,000円である。

３）賃貸借取引として会計処理する場合（リース料は銀行引落し）、リース物件の受取時に、借方をリース資産1,000,000円、貸方を現金

1,000,000円として処理する。
4）売買取引として会計処理する場合、リース物件の受取時に、借方をリース債務1,000,000円、貸方を現金1,000,000円として処理する。

・解説と解答・

1）適切である。
2）不適切である。借方と貸方が逆である。
3）不適切である。リース物件の受取時には仕訳はない。
4）不適切である。借方をリース資産1,000,000円、貸方をリース債務1,000,000円として処理する。

解答　1）

３－９　ファイナンス・リース取引の会計処理（Ⅱ）

《問》以下の設例において、リース取引を会計処理する場合の貸手側の会計処理に関する次の記述のうち、最も不適切なものはどれか。

【設例】以下のような条件で、ファイナンス・リース取引を行う。
・リース期間：５年。Ｘ０年４月１日物件引渡し。
・リース物件の価額：1,000,000円（貸手の現金購入価額も同額）
・適用金利：年４％
・リース料総額：1,123,135円
・毎年の支払リース料：224,627円
・リース期間満了時のリース物件の残存価値はないものとする。
・リース物件は、営業用車両（車両運搬具）とする。
・リース物件に係る税金・保険料等の維持管理費用については、考慮しないものとする。
・貸手の物品購入資金に係る支払利息を年２万円とする。

〈リース料支払（回収）予定表〉
借手・貸手とも３月決算会社、リース料は年度末一括支払とする。

リース料支払日	期首元本	支払額			期末元本
		元本償還額	利息相当額	支払合計額	
Ｘ１年３月31日	1,000,000	184,627	40,000	224,627	815,373
Ｘ２年３月31日	815,373	192,012	32,615	224,627	623,361
Ｘ３年３月31日	623,361	199,693	24,934	224,627	423,668
Ｘ４年３月31日	423,668	207,680	16,947	224,627	215,988
Ｘ５年３月31日	215,988	215,988	8,639	224,627	―
	合計	1,000,000	123,135	1,123,135	

（注）利息相当額の配分は、利息法による。上表は、適用金利を４％として計算。

１）売買取引として会計処理する場合、リース物件を購入したと同時に、当該物件を借手に1,000,000円で売却する処理を行う。

２）賃貸借取引として会計処理する場合、リース物件の引渡しを受けた時に、借方を支払リース料1,000,000円、貸方を現金1,000,000円として処理する。

３）売買取引として会計処理する場合、リース開始時に、物件購入の処理として、借方をリース資産1,000,000円、貸方を買掛金1,000,000円として処理し、物件売却の処理として、借方をリース投資資産

（リース債権）1,000,000円、貸方をリース資産1,000,000円として処理する。

4）売買取引として会計処理する場合、X１年３月31日の第１回リース料受領（預金振替入金）日に、借方に預金224,627円を計上すると共に、貸方にリース売上高224,627円を計上し、さらに、借方にリース売上原価、貸方にリース投資資産（リース債権）を計上するという２つの処理を行う。

・解説と解答・

1）適切である。

2）不適切である。借方を賃貸資産1,000,000円、貸方を未払金1,000,000円として処理する。なお、所有権移転外ファイナンス・リース取引では、賃貸借処理はできず、売買処理のみである。

3）適切である。

4）適切である。

正解　2）

3－10　売買処理と賃貸借処理との比較（Ⅰ）

《問》ファイナンス・リース取引について、リース期間開始年度末の決算において賃貸借処理を行う場合と売買処理を行う場合との違いに関する次の記述のうち、最も適切なものはどれか。

1）借手側の貸借対照表における資産は、賃貸借処理ではオフバランスとされ、売買処理では資産計上される。

2）借手側の貸借対照表における負債は、賃貸借処理ではリース料総額をリース債務として計上することとなり、売買処理ではオフバランスとされる。

3）貸手側の貸借対照表における資産は、賃貸借処理ではリース資産（貸与資産）として計上することとなり、売買処理ではオフバランスとされる。

4）貸手側の貸借対照表における負債は、賃貸借処理ではリース料総額をリース債務として計上することとなり、売買処理ではオフバランスとされる。

・解説と解答・

1）適切である。

2）不適切である。賃貸借処理と売買処理の説明が逆である。

3）不適切である。売買処理では、リース債権（リース投資資産）として計上される。

4）不適切である。賃貸借処理においても売買処理においても負債は計上されない。

正解　1）

3－11　売買処理と賃貸借処理との比較（Ⅱ）

《問》ファイナンス・リース取引について、リース期間開始年度末の決算において賃貸借処理を行う場合と売買処理を行う場合との違いに関する次の記述のうち、最も適切なものはどれか。

1）借手側の損益計算書におけるリース料は、賃貸借処理では支払額全額が支払リース料とされ、売買処理ではリース債務（元本）取崩額との差額が支払利息として計上される。
2）借手側の損益計算書における減価償却費は、賃貸借処理、売買処理ともに計上されない。
3）借手側の損益計算書におけるリース料は、賃貸借処理ではリース債務（元本）取崩額との差額が支払利息とされ、売買処理では支払額全額が支払リース料として計上される。
4）貸手側の損益計算書における減価償却費は、賃貸借処理、売買処理ともに計上されない。

・解説と解答・

1）適切である。
2）不適切である。売買処理では計上される。
3）不適切である。賃貸借処理と売買処理で処理の仕方が逆である。
4）不適切である。賃貸借処理ではリース原価として計上される。

正解　1）

３－12　リース取引の分類

《問》リース取引の分類に関する次の記述のうち、最も不適切なものはどれか。

1）リース会計基準のリース取引は、ファイナンス・リース取引とオペレーティング・リース取引に分類され、オペレーティング・リース取引については、通常の賃貸借取引に係る方法に準じて会計処理を行う。

2）ファイナンス・リース取引は、所有権移転ファイナンス・リース取引、所有権移転外ファイナンス・リース取引、譲渡条件付ファイナンス・リース取引に分類される。

3）リース会計基準における「リース取引」とは、特定の物件の所有者たる貸手が、当該物件の借手に対し、合意された期間にわたりこれを使用収益する権利を与え、借手は、合意された使用料を貸手に支払う取引とされている。

4）リース会計基準におけるリース取引には、賃貸借取引を含む広範囲な取引が該当する。

・解説と解答・

1）適切である。なお、ファイナンス・リース取引はさらに、所有権移転ファイナンス・リース取引と所有権移転外ファイナンス・リース取引に分類される。わが国で行われている取引のほとんどが「所有権移転外ファイナンス・リース取引」にあたる。

2）不適切である。譲渡条件付ファイナンス・リース取引という分類はない。

3）適切である。

4）適切である。なお、一般に、「リース取引」という場合、「狭義のリース取引」であるファイナンス・リース取引を指すことが多い。

正解　2）

3 －13　リース会計基準上のファイナンス・リース取引の要件

《問》リース会計基準上のファイナンス・リース取引の要件に関する次の記述のうち、最も適切なものはどれか。

1）フルペイアウトの要件は、リース料総額が物件の購入価額の大部分をまかなっているかどうかで判断される。

2）フルペイアウトにおける現在価値基準とは、解約不能リース期間中のリース料総額の現在価値が、リース物件の見積現金購入価額の概ね80％以上であることをいう。

3）フルペイアウトにおける経済的耐用年数基準とは、解約不能のリース期間が、リース物件の経済的耐用年数の概ね50％以上であることをいう。

4）フルペイアウトのリース取引と判定されるには、現在価値基準、将来価値基準、経済的耐用年数基準のいずれかを満たす必要がある。

・解説と解答・

1）適切である。

2）不適切である。80％以上ではなく、90％以上である。

3）不適切である。50％以上ではなく、75％以上である。

4）不適切である。将来価値基準は判定基準とはならない。

正解　1）

3－14　各種ファイナンス・リース取引

《問》各種ファイナンス・リース取引に関する次の記述のうち、最も適切なものはどれか。

1）譲渡条件付リースとは、リース契約上、リース期間終了後またはリース期間の中途で、リース物件の所有権が借手に移転することとされているリース取引である。

2）割安購入選択権付リースとは、借手に対して、リース期間の中途（リース期間終了後は認められない）で名目的な価額またはその行使時点のリース物件の価額に比べて著しく有利な価額で買い取る権利が与えられており、その行使が確実に予想されるリース取引である。

3）特定（特別仕様）物件リースとは、リース物件が、借手の用途等に合わせて特別の仕様により製作または建設されたもので、当該リース物件の返還後、貸手が借手と同業態の第三者に再びリースまたは売却することが予定されているリース取引である。

4）特定（特別仕様）物件リースは、建物等の不動産は対象としているが、ソフトウエアは対象とならない。

・解説と解答・

1）適切である。

2）不適切である。リース期間終了後に行使されることも認められる。

3）不適切である。当該リース物件の返還後、貸手が第三者に再びリースまたは売却することが困難なため、その使用可能期間を通じて借手によってのみ使用されることが明らかなリース取引である。

4）不適切である。ソフトウエアも対象となる。

正解　1）

3 −15　リース会計基準適用会社

《問》リース会計基準を適用しなければならない会社として、次のうち最も不適切なものはどれか。
1）東京証券取引所スタンダード市場に株式公開している会社
2）金融商品取引法の適用を受ける上場会社
3）会社法における大会社
4）中小企業で会計監査人を設置しない会社およびその子会社

・解説と解答・

1）適切である。
2）適切である。
3）適切である。
4）不適切である。会計監査人を設置する中小企業およびその子会社は適用対象となるが、設置しない会社はその限りではない。

正解　4）

３－16　ファイナンス・リース取引契約の判定（Ⅰ）

《問》次のリース契約のうち、ファイナンス・リース取引契約と判定されないリース契約はどれか。なお、他の条件は考慮しないものとする。

1）解約不能のリース期間８年、リース物件の耐用年数10年のリース契約。

2）解約不能のリース期間５年、リース物件の耐用年数６年のリース契約。

3）解約不能のリース期間７年、リース物件の耐用年数12年のリース契約。

4）解約不能のリース期間６年、リース物件の耐用年数６年のリース契約。

・解説と解答・

1）判定される。解約不能のリース期間８年が、リース物件の耐用年数×75％（＝7.5年）よりも長いため、ファイナンス・リース取引として判定される。

2）判定される。解約不能のリース期間５年が、リース物件の耐用年数×75％（＝4.5年）よりも長いため、ファイナンス・リース取引として判定される。

3）判定されない。解約不能のリース期間７年が、リース物件の耐用年数×75％（＝９年）よりも短いため、ファイナンス・リース取引として判定されない。

4）判定される。解約不能のリース期間６年が、リース物件の耐用年数×75％（＝4.5年）よりも長いため、ファイナンス・リース取引として判定される。

正解　3）

3－17　ファイナンス・リース取引契約の判定（Ⅱ）

《問》次のリース契約のうち、ファイナンス・リース取引契約と判定されないリース契約はどれか。なお、他の条件は考慮しないものとする。

1）リース料総額の現在価値が49万円、リース物件の購入価額が50万円のリース契約。

2）リース料総額の現在価値が55万円、リース物件の購入価額が60万円のリース契約。

3）リース料総額の現在価値が40万円、リース物件の購入価額が30万円のリース契約。

4）リース料総額の現在価値が80万円、リース物件の購入価額が100万円のリース契約。

・解説と解答・

1）判定される。リース料総額の現在価値49万円が、リース物件の購入価額の90％（＝45万円）以上であるため、ファイナンス・リース取引として判定される。

2）判定される。リース料総額の現在価値55万円が、リース物件の購入価額の90％（＝54万円）以上であるため、ファイナンス・リース取引として判定される。

3）判定される。リース料総額の現在価値40万円が、リース物件の購入価額の90％（＝27万円）以上であるため、ファイナンス・リース取引として判定される。

4）判定されない。リース料総額の現在価値80万円が、リース物件の購入価額の90％（＝90万円）未満であるため、ファイナンス・リース取引として判定されない。

正解　4）

３－18　ファイナンス・リース取引契約の判定（Ⅲ）

《問》ファイナンス・リース取引と判定されるための要件として、次のうち最も不適切なものはどれか。

1）解約不能のリース取引

2）フルペイアウトのリース取引

3）リース料総額の現在価値が、見積現金購入価額のおおむね90％以上であること

4）リース期間が、経済的耐用年数のおおむね70％以上であること

・解説と解答・

リース会計基準を適用するにあたっては、ファイナンス・リース取引の判定が重要なポイントになる。ファイナンス・リース取引の判定は、リース契約の経済実態から判断して次の２つの要件を満たすかどうかになる。

（1）解約不能のリース取引…リース契約に基づくリース期間の中途において当該契約を解除することができないリース取引またはこれに準ずる取引

（2）フルペイアウトのリース取引…借手が当該契約に基づき使用する物件からもたらされる経済的利益を実質的に享受することができ、かつ、当該リース物件の使用に伴って生じるコストを実質的に負担することとなるリース取引

このうち（2）フルペイアウトのリース取引の判定に関しては、さらに具体的な判定基準が示されており、次の①または②のいずれかに該当すれば、ファイナンス・リース取引と判定される。

①現在価値基準：解約不能のリース期間中のリース料総額の現在価値が、当該リース物件を借手が現金で購入すると仮定した場合の合理的見積金額のおおむね90％以上であること。

②経済的耐用年数基準：解約不能のリース期間が、当該リース物件の経済的耐用年数のおおむね75％以上であること

1）２）３）適切である。

4）不適切である。経済的耐用年数のおおむね75％以上であることが要件。

正解　4）

3－19　所有権移転外ファイナンス・リース取引に関する借手の簡便的、例外的な取扱いおよび要件（Ⅰ）

《問》所有権移転外ファイナンス・リース取引に関する借手の簡便的、例外的な取扱いおよび要件に関する次の記述のうち、最も適切なものはどれか。なお、各選択肢において他の条件は考慮しないものとする。

1）簡便的な売買処理が認められる「リース資産総額に重要性が乏しい場合」とは、リース比率（未経過リース料期末残高が、未経過リース料期末残高および有形無形固定資産期末残高の合計額に占める割合）が、25％未満となる場合をいう。

2）「個々のリース資産に重要性が乏しい場合」は、オペレーティング・リース取引に準じ、通常の売買取引に係る方法に準じて会計処理を行うことができる。

3）「個々のリース資産に重要性が乏しい場合」として、購入時に費用処理する方法が採用されており、リース料総額が費用処理の基準額に満たないリース取引が該当する。

4）「個々のリース資産に重要性が乏しい場合」として、リース期間が２年以内のリース取引が該当する。

・解説と解答・

1）不適切である。25％未満ではなく10％未満である。

2）不適切である。売買取引ではなく、賃貸借取引に係る方法に準じて会計処理を行うことができる。

3）適切である。

4）不適切である。２年以内ではなく、１年以内である。

正解　3）

３－20　所有権移転外ファイナンス・リース取引に関する借手の簡便的、例外的な取扱いおよび要件（Ⅱ）

《問》所有権移転外ファイナンス・リース取引に関する借手の簡便的、例外的な取扱いおよび要件に関する次の記述のうち、最も適切なものはどれか。なお、各選択肢において他の条件は考慮しないものとする。

1）簡便的な売買処理が認められる「リース資産総額に重要性が乏しい場合」であっても、利息相当額の総額をリース期間各期に定額法で費用配分する方法は採用できない。

2）簡便的な売買処理が認められる「リース資産総額に重要性が乏しい場合」とは、リース比率（未経過リース料期末残高が、未経過リース料期末残高および有形無形固定資産期末残高の合計額に占める割合）が、10％未満となる場合をいう。

3）「個々のリース資産に重要性が乏しい場合」として、リース期間が３年以内のリース取引が該当する。

4）「個々のリース資産に重要性が乏しい場合」として、事業内容に照らして重要性が乏しいリース取引で、リース契約の１件当たりのリース料総額が500万円以下のリース取引が該当する。

・解説と解答・

1）不適切である。採用できる。

2）適切である。

3）不適切である。リース期間は３年以内ではなく、１年以内である。

4）不適切である。リース契約の１件当たりのリース料総額は500万円以下ではなく、300万円以下である。

正解　2）

3－21　ファイナンス・リース取引に係る借手の会計処理（Ⅰ）

《問》ファイナンス・リース取引に係る借手の会計処理（売買処理）上の利息相当額の取扱いに関する次の①～③の記述のうち、適切なものはいくつあるか。

①利息相当額は、原則として利息法によりリース期間中の各期に配分されるが、利息法とは、各期のリース債務の未返済残高に一定の利率を乗じて算定する方法である。
②利息法を適用した場合、リース期間の前半に計上される支払利息は少なく、後半に計上される支払利息は多くなる。
③リース会計基準では一定の要件を満たす場合、利息相当額の総額を定額法によりリース期間中の各期に配分する方法が、簡便法として認められている。

1）1つ
2）2つ
3）3つ
4）0（なし）

・解説と解答・

①適切である。
②不適切である。支払利息は前半に多額が計上されるが、後半は少なくなる。
③適切である。定額法はリース資産総額に重要性が乏しい場合の簡便法として認められている。
したがって、適切なものは2つ。

正解　2）

３－22　ファイナンス・リース取引に係る借手の会計処理（Ⅱ）

《問》ファイナンス・リース取引に係る借手の会計処理（売買処理）上のリース資産の減価償却の取扱いに関する次の記述のうち、最も不適切なものはどれか。

1）所有権移転ファイナンス・リース取引の場合、自己所有の同種の固定資産と同様の方法で減価償却を行う。

2）所有権移転外ファイナンス・リース取引の場合、耐用年数は、原則としてリース期間とされる。

3）所有権移転外ファイナンス・リース取引の場合、残存価額は、原則としてゼロとされる。

4）所有権移転外ファイナンス・リース取引の場合、償却方法は、定額法か級数法のいずれかを選択することになる。

・解説と解答・

1）適切である。

2）適切である。再リース期間を定めている場合は、再リース期間も含む。

3）適切である。ただし、リース契約上、残価保証の取決めがある場合は、当該残価保証の額とされる。

4）不適切である。定額法、級数法、生産高比例法等の中から、企業の実態に応じた方法を選択する。この場合、自己所有の固定資産と同一の方法である必要はない。

正解　4）

3－23　ファイナンス・リース取引に係る借手の会計処理（Ⅲ）

《問》所有権移転外ファイナンス・リース取引の再リースに係る借手の会計処理に関する以下の文章の空欄に入る語句として、最も適切なものはどれか。

所有権移転外ファイナンス・リース取引について、通常、リース期間終了後に、オペレーティング・リース取引として、賃貸借処理を行い、再リース料を（　　）の費用として会計処理する。

1）発生時
2）終了時
3）各期
4）発生時および終了時

・解説と解答・

所有権移転外ファイナンス・リース取引について、通常、リース期間終了後に、オペレーティング・リース取引として、賃貸借処理を行い、再リース料を（発生時）の費用として会計処理する。

正解　1）

３－24　ファイナンス・リース取引に係る借手の会計処理（Ⅳ）

《問》ファイナンス・リース取引に係る借手の会計処理（売買処理）の維持管理費用相当額、通常の保守等の役務提供相当額の会計処理等に関する次の記述のうち、最も適切なものはどれか。

1）維持管理費用相当額は、現在価値基準の判定にあたり、原則としてリース料総額に含める。

2）会計処理上は、原則としてリース料総額から維持管理費用相当額を控除した額を支払リース料としてリース資産およびリース債務を計上する。

3）維持管理費用相当額は、常に、その内容を示す科目により費用計上しなければならない。

4）リース料総額に通常の保守等の役務提供相当額が含まれる場合、当該役務提供相当額については、現在価値基準の判定にあたり、原則としてリース料総額に含める。

・解説と解答・

1）不適切である。原則としてリース料総額から控除する。

2）適切である。

3）不適切である。維持管理費用相当額の重要性が乏しい場合は、現在価値基準の判定上も、会計処理上も、リース料総額から控除しないことができる。

4）不適切である。維持管理費用相当額に準じた取扱いとなり、原則としてリース料総額から控除する。

正解　２）

3 －25　ファイナンス・リース取引に係る貸手の会計処理（Ⅰ）

《問》ファイナンス・リース取引に係る貸手の会計処理（売買処理）の利息相当額の総額の算定に関する以下の文章の空欄に入る語句として、最も適切なものはどれか。

利息相当額の総額は、リース契約に定めたリース料の総額および見積残存価額の合計額から、これに対応するリース資産の（　　）を控除して算定する。

1）取得価額
2）売却価額
3）時価
4）財産評価額

・解説と解答・

利息相当額の総額は、リース契約に定めたリース料の総額および見積残存価額の合計額から、これに対応するリース資産の（取得価額）を控除して算定する。

正解　1）

3－26　ファイナンス・リース取引に係る貸手の会計処理（Ⅱ）

《問》所有権移転外ファイナンス・リース取引に係る貸手の会計処理（売買処理）における売上および売上原価の会計処理に関する次の①～③の記述のうち、適切なものはいくつあるか。

①貸手の会計処理として、リース取引開始日に売上高と売上原価を計上する方法を選択した場合、第1回リース料収受日（現金で受領）には、借方を現金、貸方をリース投資資産として処理する。
②貸手の会計処理として、リース料受取時に売上高と売上原価を計上する方法を選択した場合、リース取引開始日には、リース物件の現金購入価額（リース物件を借手の使用に供するために支払う付随費用がある場合はこれを含めない）でリース投資資産を計上する。
③売上高を計上せず利息相当額（現金で受領）を各期へ配分する方法を選択した場合、第1回リース料収受日には、借方を現金として計上し、貸方にリース投資資産と受取利息を計上する。

1）1つ
2）2つ
3）3つ
4）0（なし）

•解説と解答•

①適切である。
②不適切である。リース物件の現金購入価額（リース物件を借手の使用に供するために支払う付随費用がある場合はこれを含める）でリース投資資産を計上する。
③適切である。
したがって、適切なものは2つ。

正解　2）

3－27　ファイナンス・リース取引に係る貸手の会計処理（Ⅲ）

《問》ファイナンス・リース取引に係る貸手の会計処理（売買処理）におけるリース期間満了時の取扱いに関する次の記述のうち、最も不適切なものはどれか。

1）所有権移転ファイナンス・リースでは、貸借対照表上、リース期間満了時に残存する資産および負債はなく、リース物件の所有権も借手に移転するため、会計処理を行う必要はない。

2）所有権移転外ファイナンス・リースでは、リース期間終了時に借手からリース物件の返還を受けた場合、貸手は、原則としてリース物件の見積残存価額でリース投資資産から流動資産の勘定科目に振り替える。

3）所有権移転外ファイナンス・リースでは、リース期間終了後にリース資産を処分した場合、リース物件の処分価額と当該リース物件の帳簿価額との差額を処分損益として計上する。

4）所有権移転外ファイナンス・リースでは、リース期間終了後に借手がリース資産を買い取る場合、リース開始時に残存価額を設定していた場合を除き、借手の買取価額から買取りに係る付随費用を控除した金額を収益として認識する。

・解説と解答・

1）適切である。

2）不適切である。貸手は、リース物件の見積残存価額でリース投資資産から貯蔵品または固定資産等、その後の保有目的に応じた適切な勘定科目に振り替える。

3）適切である。

4）適切である。

正解　2）

３－28　ファイナンス・リース取引に係る貸手の会計処理（Ⅳ）

《問》ファイナンス・リース取引に係る貸手の会計処理（売買処理）について、財務諸表における表示および注記に関する次の記述のうち、最も適切なものはどれか。

１）所有権移転ファイナンス・リース取引におけるリース債権が会社の主目的たる営業取引により発生したものである場合、流動資産に表示する。

２）所有権移転外ファイナンス・リース取引におけるリース投資資産が会社の主目的たる営業取引により発生したものである場合、固定資産と流動資産に区分して表示する。

３）リース投資資産について、原則として将来のリース料を収受する権利（リース料債権）部分および見積残存価額部分の金額を注記するが、受取利息相当額を注記する必要はない。

４）リース債権およびリース投資資産のうち将来のリース料を収受する権利（リース料債権）部分について、貸借対照表日後３年以内における１年ごとの回収予定額を注記することとされている。

・解説と解答・

１）適切である。

２）不適切である。流動資産に表示する。なお、会社の主目的以外の取引により発生したものである場合は、ワン・イヤー・ルールにより、流動資産と固定資産に区分する。

３）不適切である。受取利息相当額も注記する。

４）不適切である。貸借対照表日後５年以内における１年ごとの回収予定額および５年超の回収予定額を注記する。

正解　１）

3 −29　セール・アンド・リースバック取引

《問》セール・アンド・リースバック取引に関する次の記述のうち、最も不適切なものはどれか。

1）セール・アンド・リースバック取引がファイナンス・リース取引に該当するか否かの判定に用いる経済的耐用年数は、リースバック時におけるリース物件の性能、規格、陳腐化の状況等を考慮して見積った経済的使用可能予測期間を用いる。

2）セール・アンド・リースバック取引がファイナンス・リース取引に該当するか否かの判定に用いる見積現金購入価額に、実際の購入価額を用いることができる。

3）セール・アンド・リースバック取引がファイナンス・リース取引と判定され、借手に譲渡取引に伴い売却益が発生した場合、その売却益は、長期前受収益等の科目により繰延処理し、当該長期前受収益等を、各事業年度のリース資産の減価償却費の割合に応じて償却する。

4）セール・アンド・リースバック取引がファイナンス・リース取引と判定され、借手に譲渡取引に伴い売却損が発生した場合、その売却損は、長期前払費用等の科目により繰延処理し、当該長期前払費用等を、各事業年度のリース資産の減価償却費の割合に応じて償却する。

・解説と解答・

1）適切である。

2）不適切である。見積現金購入価額として、譲渡取引における実際売却価額を用いる。

3）適切である。

4）適切である。

正解　2）

3－30　不動産のリースのリース会計基準上の取扱い

《問》不動産のリースのリース会計基準上の取扱いに関する次の記述のうち、最も不適切なものはどれか。

1）土地、建物等の不動産のリース取引についても、動産と同様、ファイナンス・リース取引に該当するか、オペレーティング・リース取引に該当するかを判定する。
2）土地は、基本的に無限の経済的耐用年数を有するので、所有権移転条項付リースに該当しない限り、オペレーティング・リース取引に該当する。
3）土地と建物等を一括したリース取引は、原則として、リース料総額を合理的な方法で土地と建物等の部分に分割したあとに、現在価値基準の判定を行う。
4）土地と建物等を一括したリース取引がセール・アンド・リースバック取引に該当する可能性がある。

・解説と解答・

1）適切である。
2）不適切である。割安購入選択権条項付リースに該当しない場合も、オペレーティング・リース取引に該当する。
3）適切である。
4）適切である。この場合、リース料総額を合理的な方法により土地と建物等の部分に分割したうえで、現在価値基準を適用する必要がある。

正解　2）

3－31　国際会計基準（IFRS）（Ⅰ）

《問》国際会計基準の導入に関する以下の文章の空欄に入る語句として、次のうち最も適切なものはどれか。

「コンバージェンス」とは、自国の会計基準を保持しつつ、改訂により国際会計基準（IFRS）と同等にしていくことをいい、（　　）とは自国の会計基準として国際会計基準（IFRS）を採用することをいう。

1）アドプション
2）エンドースメント
3）カーブアウト
4）スピンアウト

・解説と解答・

1）適切である。
2）不適切である。エンドースメントとは、中身を一部修正して適用することなどをいう。
3）不適切である。カーブアウトとは、一部基準を適用除外することなどをいう。
4）不適切である。スピンアウトとは、ある企業が社内の１部門を切り離し、１企業として独立することなどをいう。

正解　1）

3－32　国際会計基準（IFRS）（Ⅱ）

《問》現行基準IFRS16号「リース」の特徴に関する次の記述のうち、最も適切なものはどれか。

1）貸手の会計処理について、ファイナンス・リースとオペレーティング・リースの分類をなくし、原則としてすべてのリースに単一の会計処理を適用することとしている。
2）借手はすべてのリース取引に関して、その権利義務関係を踏まえ貸借対照表上にオンバランスすることになる。
3）借手のリース料の支払は元本返済と利息の支払として会計処理し、支払利息は原則として定額法に基づき各期に期間配分する。
4）支払利息は均等になるため、利息費用がすべての期間で均等に計上される。

・解説と解答・

1）不適切である。貸手の会計処理に関しては現状を維持し、借手の会計処理においては、ファイナンス・リースとオペレーティング・リースの分類は廃止されている。
2）適切である。
3）不適切である。定額法ではなく、利息法（実効金利法）に基づき各期に期間配分する。
4）不適切である。利息法では、支払利息は逓減する。

正解　2）

コラム

リース会計基準の変更

1．変更の経緯

国際会計基準審議会（国際的な会計基準を開発する民間の団体）は、2016年にリース会計基準を改正し、リースの借手がすべてのリース取引をオンバランスする会計基準を示しました。

この改正を踏まえ、わが国の会計基準を開発する企業会計基準委員会（ASBJ）は、わが国のリース会計基準と国際的なリース会計基準の整合性を図るため、2019年４月以降、リース会計基準の改正に関する検討を行っており、「リース取引に関する会計基準」（以下、「改正基準」といいます）として近く公表される予定です。

改正基準は、2027年４月１日開始事業年度から適用される見通しです。本コラムでは、現時点で判明している情報に基づいて、改正基準について解説します。

2．改正基準の適用企業

（1）上場企業および子会社

上場企業は、金融商品取引法に基づき、連結財務諸表および個別財務諸表に改正基準が適用され、その子会社も改正基準が適用されます。

既に国際会計基準または米国会計基準を連結財務諸表に任意適用している上場企業は、個別財務諸表に改正基準が適用されます。

（2）会社法の大会社

株式会社の会計は、「一般に公正妥当と認められる企業会計の慣行に従うものとする」（会社法431条）とされていますが、金融商品取引法と異なり、適用する会計基準が定められていません。

しかしながら、大会社（資本金５億円以上または負債総額200億円以上）は、会計監査人の設置が義務付けられており、ASBJが開発した会計基準に則した財務諸表でなければ、会計監査人が監査に応じないと考えられます。このことから事実上、改正基準が適用されることになります。

（3）中小企業

中小企業は、会計監査人の設置が義務付けられていないこともあり、企業の判断で適用する会計基準を選択することができます。多くの中小企業は、「中小企業の会計に関する基本要領」（以下、「基本要領」といいます）を採用していますが、基本要領は「国際基準の遮断」という考え方で作成されたものであるため、改正基準の影響が及ぶことはなく、基本要領の定めに従い、引き続き、ファイナンス・リース取引（オフバランスまたはオンバランス）とオペレーティング・リース取引（オフバランス）の分類により会計処理を行います。

３．改正基準の会計処理（借手）

これまでのASBJのリース会計基準（以下、「旧基準」といいます）は、リース取引をファイナンス・リース取引とオペレーティング・リース取引に分類して、借手がファイナンス・リース取引をオンバランスしていました。

一方、改正基準は、国際的な会計基準と同様に、ファイナンス・リース取引とオペレーティング・リース取引を分類せずに、リースの借手がすべてのリース取引をオンバランスします。

具体的には、資産側に「使用権資産」（リース資産を使用する権利）、負債側に「リース負債」（将来支払うリース料の債務）を計上します。

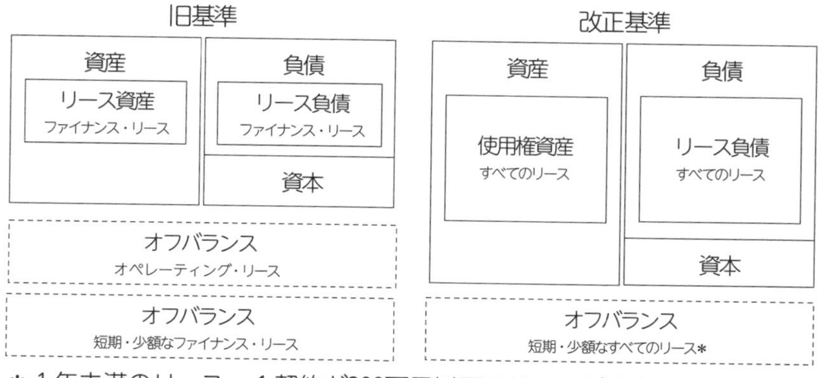

＊１年未満のリース、１契約が300万円以下のリースが該当します。

４．借手企業への影響

すべてのリース取引をオンバランスにすることにより、これまでオペレーティング・リース取引としてオフバランスしていた不動産賃貸借取引もオンバランスすることになるため、貸借対照表の資産と負債が増加します。

また、借手はオンバランスする金額を決定する際に、リース期間を決定する必要があります。旧基準ではリース期間を「解約不能期間」（契約期間）で判断していましたが、改正基準では「解約不能期間」に加えて「リース期間を延長するオプション」と「リース期間中の解約オプション期間」の両方を考慮するため、特に不動産賃貸借取引のリース期間を決定するための実務が煩雑になると言われています。

設備リースの多くは上記のオプションが付されていないことが一般的であり、オンバランスの事務が生じるものの、改正基準の影響は不動産賃貸借と比べて軽微であると考えられます。

欧米諸国においては、既にすべてのリース取引をオンバランスしているにもかかわらず、設備リースの需要が減少したという事実はありません。

リース会社の担当者は、改正基準に関する正確な知識を身につけ、改正基準の適用に不安を感じるユーザーに適切なアドバイスを提供できることが期待されています。

第4章

税務編

4－1　会計上の利益と法人税法上の所得の違い

《問》会計上の利益と法人税法上の所得の違いに関する次の記述のうち、最も適切なものはどれか。

1）会計上の利益は、「収益の額－（費用＋損失）の額」で算出される。
2）法人税法上の所得は、「（益金の額－損金の額）×税率」で算出される。
3）通常、会計上の利益と法人税法上の所得は一致する。
4）会計上の利益計算は、一般的に、保守主義の原則に基づき、想定される費用や損失のうち不確実なものについては、計上が認められないという特徴がある。

•解説と解答•

1）適切である。
2）不適切である。「益金の額－損金の額」で算出される。
3）不適切である。通常、会計上の利益と法人税法上の所得は一致しない。
4）不適切である。企業会計は、予測される将来の危険に備えて慎重な判断に基づく会計処理を行わなければならないが、過度に保守的な会計処理を行うことにより、企業の財政状態および経営成績の真実な報告をゆがめてはならないとしている（企業会計原則 注4）。

正解　1）

４－２　申告調整に係る必須調整事項

《問》損益計算書の利益と法人税法上の所得の差異を調整する申告調整に係る必須調整事項として、次のうち最も適切なものはどれか。
1）収用等による資産譲渡の特別控除
2）所得税額等の税額控除
3）売上計上漏れ、売上割戻し否認
4）受取配当金の益金不算入

・解説と解答・

申告調整には、納税者の立場として必ず調整しなければならない「必須調整事項」と調整するかしないかは法人の自由である「任意調整事項」がある。「必須調整事項」は調整しなければ、更正などにより税務当局から是正が求められる。

また、法人の利益計算が事実に基づいていないなど、公正妥当な会計処理の基準に従っていない場合（例えば、売上や費用の計上漏れまたは原価や損失の過大計上があるような場合）にも、申告調整により法人の企業利益を修正しなければならない。

1）不適切である。任意調整事項となる。
2）不適切である。任意調整事項となる。
3）適切である。
4）不適切である。任意調整事項となる。

正解　3）

4－3　法人税法上の償却

《問》法人税法上の償却に関する次の記述のうち、最も適切なものはどれか。

1）減価償却資産については、定額法や定率法などの方法により償却を行う。

2）法人税法上、損金の額に算入される金額は、償却限度額と償却費として損金経理した金額のうち、どちらか大きい金額とされている。

3）法人がその確定した決算で、損失として経理することを損金経理といい、費用として経理することを費用経理という。

4）減価償却資産については、法定耐用年数に応じて税法上の償却限度額が算定されるが、法定耐用年数は、すべて物理的な効用持続年数と一致する。

・解説と解答・

1）適切である（法人税法施行令48条の2）。

2）不適切である。いずれか小さい金額とされている（法人税法31条）。

3）不適切である。法人がその確定した決算で費用または損失として経理することを損金経理という（法人税法2条25号）。

4）不適切である。税法では耐用年数の算定にあたり、物理的な効用持続年数に一般的な陳腐化を織り込んで耐用年数を法定している。

正解　1）

４－４　減価償却費の申告調整

《問》ある機械装置について、取得価額を9,000、会計上の耐用年数９年（毎期一定額を減価償却費として計上）、法人税法上の耐用年数15年（毎期一定額を減価償却費として計上）の条件で減価償却費を申告調整する場合、加算調整される減価償却超過額として、次のうち最も適切なものはどれか。なお、他の条件は考慮しないものとする。

1）400
2）600
3）1,000
4）1,600

・解説と解答・

会計上の償却額が1,000（＝9,000÷９）、税務上の償却額が600（＝9,000÷15）、差額が400（＝1,000－600）となり、減価償却超過額は400とされる。

※加算調整：会社が決算で減価償却として計上した金額のうち、法人税法上の償却限度額を超える金額がある場合に、申告上、別表四で「減価償却超過額」として損金不算入（加算）調整される。

正解　1）

4－5　リース税制におけるリース取引の分類

《問》リース税制におけるリース取引の分類に関する次の記述のうち、最も不適切なものはどれか。

1）法人税法において、所有権移転外リース取引以外のリース取引を所有権移転リース取引として定義している。

2）税務上のリース取引は、会計上のファイナンス・リース取引に限定され、ファイナンス・リース取引を単にリース取引という。

3）税務上、資産の賃貸借契約のうち、リース取引以外の取引に、会計上のオペレーティング・リース取引が含まれる。

4）税務上、リース取引は、所有権移転リース取引、所有権移転外リース取引、金融取引に分類できる。

・解説と解答・

1）不適切である。法人税の規定には、所有権移転外リース取引の定義はあるが（法人税法施行令48条の2第5項5号）、所有権移転リース取引の定義は規定されていない。

2）適切である。

3）適切である。

4）適切である。

正解　1）

4－6　法人税法上のリース取引

《問》法人税法上のリース取引に関する以下の文章の空欄に入る数値として、次のうち最も適切なものはどれか。

法人税法上のリース取引は、①リース期間中の中途解約が禁止されているものであること、または賃借人が中途解約をする場合には未経過期間に対応するリース料の額の原則として（　　）％以上を支払うこととされているものなどであること、②賃借人がそのリース取引に係る契約において定められているリース取引の目的とされている資産（リース資産）からもたらされる経済的な利益を実質的に享受することができ、かつ、リース資産の使用に伴って生ずる費用を実質的に負担すべきこととされているものであること、という２つの要件を満たすものをいう。

1）75
2）80
3）85
4）90

・解説と解答・

法人税法上のリース取引は、①リース期間中の中途解約が禁止されているものであること、または賃借人が中途解約をする場合には未経過期間に対応するリース料の額のおおむね全部（原則として（90）％以上）を支払うこととされているものなどであること、②賃借人がそのリース取引に係る契約において定められているリース取引の目的とされている資産（リース資産）からもたらされる経済的な利益を実質的に享受することができ、かつ、リース資産の使用に伴って生ずる費用を実質的に負担すべきこととされているものであること、という２つの要件を満たすものをいう（法人税法64条の２第３項、法人税基本通達12の５－１－１）。

正解　4）

4－7　税務上のフルペイアウトの判定（Ⅰ）

《問》税務上のフルペイアウトに関する以下の文章の空欄に入る数値として、次のうち最も適切なものはどれか。

税務上のフルペイアウトの判定基準を算式で表すと、「賃貸借期間中に賃借人が支払うリース料の合計額÷（賃貸人における賃貸借資産の取得価額＋取引に係る付随費用）＞（　　）％」となる。

1）60
2）75
3）80
4）90

・解説と解答・

税務上のフルペイアウトの判定基準を算式で表すと、「賃貸借期間中に賃借人が支払うリース料の合計額÷（賃貸人における賃貸借資産の取得価額＋取引に係る付随費用）＞（90）％」となる（法人税法施行令131条の2第2項）。

正解　4）

４－８　税務上のフルペイアウトの判定（Ⅱ）

《問》税務上のフルペイアウトの判定に関する次の記述のうち、最も適切なものはどれか。

1）賃借人がリース資産の購入選択権を有し、その権利行使が確実なリース取引の場合、フルペイアウトの判定において、権利行使により購入するときの価額を賃貸人における賃貸借資産の取得価額と取引に係る付随費用の合計額に加算して判定する。

2）清算条項が付されているリース取引の場合、フルペイアウトの判定において、清算に係る処分価額の全部または一部の金額を賃借人が支払うこととなる金額に含めずに判定する。

3）リース期間中に賃借人が支払うリース料の合計額が、資産の取得のために通常要する価額の90％未満であっても、契約条件の内容や商慣行等を勘案し、賃借人がその資産の使用に伴い生じる費用を実質的に負担している場合は、フルペイアウトの要件を満たすことになる。

4）フルペイアウトの判定方法として、法人税法上、会計上の経済的耐用年数基準に相当する判定基準がある。

・解説と解答・

1）不適切である。権利行使により購入するときの価額を賃貸借資産の取得価額と取引に係る付随費用ではなく、リース料総額に加算して判定する（法人税基本通達12の５－１－２⑴）。

2）不適切である。清算に係る処分価額の全部または一部の金額を賃借人が支払うこととなる金額に加算して判定する（法人税基本通達12の５－１－２⑵）。

3）適切である。

4）不適切である。法人税法上、会計上の経済的耐用年数基準に相当する判定基準は存在しない。

正解　３）

4－9　専属使用のリース資産

《問》法人税法上、リース資産の種類、用途、設置の状況等に照らし、そのリース資産がその使用可能期間中賃借人によってのみ使用（専属使用）されると見込まれるものであるリース取引は、いわゆる所有権移転リース取引（所有権移転外リース取引以外のリース取引）となるが、当該専属使用のリース資産に関する次の記述のうち、最も適切なものはどれか。

1）建設工事等の用に供する簡易建物は、専属使用のリース資産に該当する。

2）定期的に改装を行う場合の店舗用設備は、専属使用のリース資産に該当する。

3）博覧会場において広告の用に供される構築物は、専属使用のリース資産に該当する。

4）一般に配付されているカタログに示された仕様に基づき製作された機械装置等は、専属使用のリース資産には該当しない。

・解説と解答・

1）不適切である。そのリース資産と同一種類のリース資産に係る既往のリース取引の状況、そのリース資産の性質その他の状況からみて、リース期間の終了後にそのリース資産が賃貸人に「返還されることが明らかなもの」であり、また、移設が比較的容易に行い得るもの（移設することを常態とする）でもあるため、専属使用のリース資産に該当しない（法人税基本通達7－6の2－3(1))。

2）不適切である。1）の解説の「返還されることが明らかなもの」にあたり、専属使用のリース資産には該当しない。

3）不適切である。1）の解説の「返還されることが明らかなもの」にあたり、専属使用のリース資産には該当しない。

4）適切である。当該機械装置については、一般に汎用性があり、使用者の専属性が希薄であると考えられることから、専用機械装置等（専属使用のリース資産）に該当しないものとされる（法人税基本通達7－6の2－4）。

正解　4）

4－10　リース資産の法定耐用年数

《問》法人税法上、リース取引のうち、リース期間がリース資産の法定耐用年数に比して相当短いもの（賃借人の法人税の負担を著しく軽減することになると認められるものに限る）は、いわゆる所有権移転リース取引（所有権移転外リース取引以外のリース取引）となるが、当該要件の「相当短いもの」の判定に関する次の記述のうち、最も適切なものはどれか。

1）耐用年数が10年３カ月の場合、リース期間がリース資産の耐用年数の70％に相当する年数を下回る期間であるもののみが該当する。
2）耐用年数が８年の場合、リース期間がリース資産の耐用年数の70％に相当する年数を下回る期間であるもののみが該当する。
3）耐用年数が７年の場合、リース期間がリース資産の耐用年数の50％に相当する年数を下回る期間であるもののみが該当する。
4）耐用年数が４年６カ月の場合、リース期間がリース資産の耐用年数の50％に相当する年数を下回る期間であるもののみが該当する。

・解説と解答・

「相当短いもの」の判定基準は、①耐用年数が10年未満のものは「耐用年数×0.7」を下回る期間であるもの、②耐用年数が10年以上のものは「耐用年数×0.6」を下回る期間であるものとされる。なお、年数について１年未満の端数がある場合は、その端数を切り捨てる（法人税基本通達７－６の２－７）。

機械装置の耐用年数は、原則として個々の機械装置の個別耐用年数とその取得価額を基礎として算定されるいわゆる総合耐用年数によることとされているが、リース資産が、製造設備一式、プラント一式というものでなく、個々の機械装置である場合であっても、そのリース期間が耐用年数に比して相当短いかどうかの判定は、その個々の機械装置が属する設備（耐用年数省令別表第二の設備）の総合耐用年数を基礎として判定することとなる。

1）不適切である。
2）適切である。
3）不適切である。
4）不適切である。

正解　2）

4－11　法人税法上、金銭の貸借とされるリース取引（Ⅰ）

《問》法人税法上、金融取引（金銭の貸借）とされるリース取引に関する次の記述のうち、最も適切なものはどれか。

1）「売買」はなかったもの、「金銭の貸付」はあったものとして、法人の所得の計算をする。

2）「売買」はあったもの、「金銭の貸付」はなかったものとして、法人の所得の計算をする。

3）「売買」および「金銭の貸付」はあったものとして、どちらか大きい金額で法人の所得の計算をする。

4）「売買」および「金銭の貸付」はあったものとして、どちらか小さい金額で法人の所得の計算をする。

・解説と解答・

法人税法64条の２第２項《金銭の貸借とされるリース取引》に規定する「一連の取引」が同項に規定する「実質的に金銭の貸借であると認められるとき」に該当するかどうかは、取引当事者の意図、その資産の内容等から、その資産を担保とする金融取引を行うことを目的とするものであるかどうかにより判定する。したがって、例えば、次に掲げるようなものは、これに該当しないものとする（法人税基本通達12の５－２－１）。

①譲渡人が資産を購入し、当該資産をリース契約により賃借するために譲受人に譲渡する場合において、譲渡人が譲受人に代わり資産を購入することに次に掲げるような相当な理由があり、かつ、当該資産につき、立替金、仮払金等の仮勘定で経理し、譲渡人の購入価額により譲受人に譲渡するもの

イ　多種類の資産を導入する必要があるため、譲渡人において当該資産を購入したほうが事務の効率化が図られること

ロ　輸入機器のように通関事務等に専門的知識が必要とされること

ハ　既往の取引状況に照らし、譲渡人が資産を購入したほうが安く購入できること

②法人が事業の用に供している資産について、当該資産の管理事務の省力化等のために行われるもの

1）適切である。

2）不適切である。

3）不適切である。
4）不適切である。

正解　1）

4－12　法人税法上、金銭の貸借とされるリース取引（Ⅱ）

《問》新規取得資産をリースバックすることで金融取引と判定される場合において、当該資産の取得に関連して支出する費用のうち、税務上、取得価額に算入しないことができる費用の額として、次のうち最も不適切なものはどれか。

1）不動産取得税
2）自動車取得税
3）登録免許税
4）仲介手数料

・解説と解答・

次に掲げるような費用の額は、取得価額に算入しないことができる（法人税基本通達7－3－3の2）。

①次に掲げるような租税公課等の額
・不動産取得税または自動車取得税
・特別土地保有税のうち土地の取得に対して課されるもの
・新増設に係る事業所税
・登録免許税その他登記または登録のために要する費用
②建物の建設等のために行った調査、測量、設計、基礎工事等でその建設計画を変更したことにより不要となったものに係る費用の額　など

1）適切である。
2）適切である。
3）適切である。
4）不適切である。

正解　4）

4－13　リース期間定額法

《問》リース期間定額法により償却限度額を求める税法上の算式に関する以下の文章の空欄①、②に入る語句の組合せとして、次のうち最も適切なものはどれか。

リース期間定額法により、償却限度額は「(　①　)÷リース期間の月数×当該事業年度におけるリース期間の月数」で算定され、リース期間の月数において、１月に満たない期間は、(　②　)とされる。

1）①リース資産の取得価額（残価保証額を加算した金額）
　②切捨て
2）①リース資産の取得価額（残価保証額を加算した金額）
　②切上げ
3）①リース資産の取得価額（残価保証額を控除した金額）
　②切捨て
4）①リース資産の取得価額（残価保証額を控除した金額）
　②切上げ

・解説と解答・

リース期間定額法により、償却限度額は「(①リース資産の取得価額（残価保証額を控除した金額））÷リース期間の月数×当該事業年度におけるリース期間の月数」で算定され、リース期間の月数において、１月に満たない期間は、(②切上げ）とされる（法人税施行令48条の２第１項６号、第６項)。

1）不適切である。
2）不適切である。
3）不適切である。
4）適切である。

正解　4）

4－14　所有権移転外リース取引の賃借人に係る税法上の減価償却費・取得価額の取扱い（Ⅰ）

《問》所有権移転外リース取引の賃借人に係る税法上の減価償却費の取扱いに関する次の記述のうち、最も適切なものはどれか。

1）法人税法上、賃借人はリース期間定額法または生産高比例法によるいずれかの償却しか認められない。

2）所有権移転外リース取引について、利息相当額を利息法（原則的な方法）により会計処理を行った場合、税法上、会計上の減価償却費はそのまま損金に算入される。

3）所有権移転外リース取引について、「リース資産総額に重要性が乏しい場合の簡便的な取扱い」を適用し、利息相当額を定額法により会計処理を行った場合、税法上、会計上の減価償却費は損金に算入することができない。

4）減価償却資産につき、償却費として損金経理した金額は、会計処理が原則的方法である場合を除き、所定の明細書を確定申告書に添付しなければならない。

・解説と解答・

1）不適切である。所有権移転外リース取引により取得した減価償却資産については、賃借人は、リース期間定額法による償却しか認められない（法人税法施行令48条の2第1項6号）。

2）適切である。

3）不適切である。会計上の減価償却費は税法上も減価償却費として損金算入することができる。

4）不適切である。会計処理が原則的な方法の場合も、該当資産の事業年度における「リース期間定額法による償却額の計算に関する明細書」（法人税別表16(4)）を確定申告書に添付する。なお、会計処理が「個々のリース資産に重要性が乏しい場合の賃貸借処理」方法の場合で賃貸料として損金経理した金額については明細書の添付は不要である（法人税法施行令63条、131条の2第3項）。

正解　2）

4－15　所有権移転外リース取引の賃借人に係る税法上の減価償却費・取得価額の取扱い（Ⅱ）

《問》所有権移転外リース取引の賃借人に係る税法上のリース資産の取得価額の取扱いに関する以下の文章の空欄に入る語句として、次のうち最も適切なものはどれか。

> 賃借人におけるリース資産の取得価額は、リース料の合計額のうち利息相当額からなる部分の金額を合理的に区分できる場合、当該リース料の額の合計額から当該利息相当額を控除した金額とすることができ、この適用を受ける場合には、当該利息相当額はリース期間の経過に応じて（　　）により損金の額に算入する。

1）利息法
2）定額法
3）利息法または定額法
4）級数法

・解説と解答・

賃借人におけるリース資産の取得価額は、リース料の合計額のうち利息相当額からなる部分の金額を合理的に区分できる場合、当該リース料の額の合計額から当該利息相当額を控除した金額とすることができ、この適用を受ける場合には、当該利息相当額はリース期間の経過に応じて（利息法または定額法）により損金の額に算入する（法人税基本通達７－６の２－９）。

正解　3）

4－16　所有権移転外リース取引の賃借人に係る税法上の減価償却費・取得価額の取扱い（Ⅲ）

《問》所有権移転外リース取引の賃借人に係る税法上のリース資産に評価替えがあった場合の減価償却の取扱いに関する以下の文章の空欄①、②に入る語句の組合せとして、次のうち最も適切なものはどれか。

> 評価替えが事業年度の期末に行われた場合、当期分については評価替え（　①　）の金額をもとに計算した当期の償却限度額により減価償却を行う。翌期以降は評価替え（　②　）の帳簿価額を、その評価替えが行われた事業年度後の残リース期間の月数で除したものに、翌期からの各事業年度の月数を乗じたものが償却限度額となる。

1）①前　　②前
2）①前　　②後
3）①後　　②前
4）①後　　②後

・解説と解答・

評価替えが事業年度の期末に行われた場合、当期分については評価替え（①前）の金額をもとに計算した当期の償却限度額により減価償却を行う。翌期以降は評価替え（②後）の帳簿価額を、その評価替えが行われた事業年度後の残リース期間の月数で除したものに、翌期からの各事業年度の月数を乗じたものが償却限度額となる（法人税法施行令48条の2第4項）。

正解　2）

４－17　延払基準の特例処理

《問》賃貸人における所有権移転外リース取引の税務上の取扱いについて、リース譲渡（長期割賦販売等）に係る延払基準の特例処理に関する以下の文章の空欄に入る数値として、次のうち最も適切なものはどれか。

> 延払基準の特例処理では、利益相当額を、リース料総額からリース原価を控除した額の（　　）％相当額と事務管理手数料等と認められる部分に分け、前者を利息法で、後者をリース期間にわたり定額法で収益計上することを認めている。

１）10
２）15
３）20
４）20.315

・解説と解答・

延払基準の特例処理では、利益相当額を、リース料総額からリース原価を控除した額の（20）％相当額と事務管理手数料等と認められる部分に分け、前者を利息法で、後者をリース期間にわたり定額法で収益計上することを認めている（法人税法施行令124条３項、４項）。

正解　３）

4－18　再リースの税務上の取扱い

《問》賃貸人における所有権移転外リース取引の税務上の取扱いについて、リース期間終了に伴い返還された資産を再リースする場合の耐用年数に関する次の記述のうち、最も適切なものはどれか。なお、再リースはファイナンス・リース取引に該当しないものとする。

1）リース期間の終了に伴い賃貸人が賃借人から取得した物件の耐用年数については、当該資産につき適正に見積ったその取得後の使用可能期間の年数とすることができる。

2）リース期間の終了に伴い賃貸人が賃借人から取得した物件の耐用年数について、当該資産に係るリース期間が当該資産について定められている耐用年数以上である場合、当該耐用年数の30％に相当する年数とすることができる。

3）リース期間の終了に伴い賃貸人が賃借人から取得した物件の耐用年数について、当該資産に係るリース期間が当該資産について定められている耐用年数に満たない場合、当該耐用年数からリース期間を控除した年数に、当該リース期間の30％に相当する年数を加算した年数とすることができる。

4）リース期間の終了に伴い賃貸人が賃借人から取得した物件の耐用年数について、その年数に１年未満の端数がある場合は、１年とし、その年数が２年に満たない場合には、２年とすることができる。

・解説と解答・

1）適切である（法人税基本通達７－６の２－12(1)）。

2）不適切である。30％ではなく、20％である（法人税基本通達７－６の２－12(2)）。

3）不適切である。30％ではなく、20％である（法人税基本通達７－６の２－12(2)）。

4）不適切である。選択肢２）、３）、のケース（30％を20％に修正して）において、１年未満の端数がある場合は、その端数を切り捨て、その年数が２年に満たない場合には、２年とすることができる（法人税基本通達７－６の２－12(2)）。

正解　1）

4－19　オペレーティング・リース取引の税務処理

《問》オペレーティング・リース取引の税務処理（借手および貸手）に関する次の記述のうち、最も不適切なものはどれか。

1）法人税法上、「リース取引以外の賃貸借取引」となるオペレーティング・リース取引の処理については、通常の賃貸とされ、特段の定めはない。

2）借手は、賃貸人に対して支払った賃借料（支払リース料）を損金として処理することができる。

3）貸手は、リース資産を保有していることになるため、他の資産と同様、資産の種類に応じて、法人税法上の減価償却を行うことができる。

4）貸手の減価償却については、償却限度額の定めはない。

・解説と解答・

1）適切である。

2）適切である。

3）適切である。

4）不適切である。貸手の減価償却について、「減価償却資産の耐用年数等に関する省令」に準拠した、償却限度額を限度としている。

正解　4）

4－20　レバレッジド・リース（匿名組合方式）に係る投資家（出資者）の会計処理

《問》レバレッジド・リース（匿名組合方式）に係る投資家（出資者）の会計処理に関する次の記述のうち、最も適切なものはどれか。

1）匿名組合出資は金融商品なので、金融商品に関する会計基準等に準拠して、組合の貸借対照表および損益計算書を純額で取り込む会計処理を行う。

2）期中に損益分配を行った場合の会計処理方法の１つとして、出資金勘定（有価証券勘定）を直接増減させる方法があり、損益分配額を出資金に充当する旨を匿名組合契約書に定めていない場合に適用される。

3）期中に損益分配を行った場合の会計処理方法の１つとして、未収金（利益分配の場合）または未払金（損失分配の場合）を計上する方法があり、損益分配額を出資金に充当する旨を匿名組合契約書に定めている場合に適用される。

4）期中に金銭分配を受けた際、前受金として処理する方法があるが、金銭分配額を出資金の払戻しとして処理する旨を匿名組合契約書に定めている場合に適用される。

・解説と解答・

1）適切である（金融商品会計に関する実務指針132項、308項）。

2）不適切である。損益分配額を出資金に充当する旨を匿名組合契約書に定めている場合に適用する。

3）不適切である。損益分配額を出資金に充当する旨を匿名組合契約書に定めていない場合に適用する。

4）不適切である。金銭分配額を出資金の払戻しとして処理する旨を匿名組合契約書に定めていない場合に適用する。

正解　1）

4－21　レバレッジド・リース（任意組合方式）に係る投資家（出資者）の会計処理

《問》レバレッジド・リース（任意組合方式）に係る投資家（出資者）の会計処理および税務上の取扱いに関する次の記述のうち、最も不適切なものはどれか。

1）任意組合出資は、収益認識に関する会計基準に準拠して、税務上の取扱いを踏まえ、実態を適切に反映する会計処理を行う。

2）当該組合事業について算定される利益の額または損失の額をその分配割合に応じて各組合員に分配または負担させることとする方法により、継続して利益または損失の額を計算する。

3）当該組合事業の収入金額、支出金額、資産、負債等をその分配割合に応じて各組合員のこれらの金額として計算する方法により、継続して利益または損失の額を計算する。

4）当該組合事業の収入金額、その収入金額に係る原価の額および費用の額ならびに損失の額をその分配割合に応じて各組合員のこれらの金額として計算する方法により、継続して利益または損失の額を計算する。

•解説と解答•

1）不適切である。収益認識に関する会計基準ではなく、金融商品に関する会計基準に準拠する。

2）適切である（法人税基本通達14－１－２）。

3）適切である（法人税基本通達14－１－２）。

4）適切である（法人税基本通達14－１－２）。

正解　1）

4－22　消費税の簡易課税制度

《問》消費税の簡易課税制度に関する以下の文章の空欄に入る数値として、次のうち最も適切なものはどれか。

> その課税期間の前々年または前々事業年度の課税売上高が（　　）万円以下で、簡易課税制度の適用を受ける旨の届出書を事前に提出している事業者は、実際の課税仕入れ等の税額を計算することなく、課税売上高から仕入控除税額の計算を行うことができる簡易課税制度の適用を受けることができる。

1）2,000
2）3,000
3）4,000
4）5,000

・解説と解答・

その課税期間の前々年または前々事業年度の課税売上高が（5,000）万円以下で、簡易課税制度の適用を受ける旨の届出書を事前に提出している事業者は、実際の課税仕入れ等の税額を計算することなく、課税売上高から仕入控除税額の計算を行うことができる簡易課税制度の適用を受けることができる（消費税法37条）。

この制度は、仕入控除税額を課税売上高に対する税額の一定割合とするというもので、この一定割合をみなし仕入率といい、売上げを卸売業、小売業、製造業等、サービス業等、不動産業及びその他の事業の６つに区分し、区分ごとのみなし仕入率を適用する（消費税法施行令57条）。

正解　4）

４－23　リースと消費税

《問》リース取引にかかる消費税に関する次の記述のうち、最も不適切なものはどれか。

1）消費税は国内取引を前提として課税され、その判断は、リース物件が貸し付けられたときの所在地を基準に行う。

2）リース取引が賃貸借として認められる場合のリース料については、資産の貸付に対する対価として課税される。

3）リース取引が売買取引とされる場合のリース料については、その支払時に消費税の課税関係は生じない。

4）リース取引が金融取引とされる場合のリース料については、金銭の貸付があったものとして課税される。

・解説と解答・

1）適切である（消費税法４条３項１号、消費税法基本通達５－７－10）。

2）適切である。当該リース料は、資産の貸付に対する対価として課税される（消費税法２条１項８号、９号）。ただし、ファイナンス・リース取引で、契約上、金利、保険料部分が明示されていれば、当該部分は非課税となる（消費税法６条１項、別表第一３、同法施行令10条３項15号、消費税法基本通達６－３－１⒄）。

3）適切である。売買とされるリース取引は、リース物件の売買となり、資産の譲渡として課税される（消費税法２条１項８号）。一方、リース料の支払時は、消費税の課税関係は生じない。

4）不適切である。金銭の貸付があったものとして、リース取引の対価である利子（リース料）は非課税となる（消費税法６条１項、別表第一３、同法施行令10条３項15号、消費税法基本通達６－３－１⒄）。ただし、貸付元本は不課税取引となる。

正解　４）

4－24　固定資産税

《問》固定資産税（償却資産）の対象とならない資産として、次のうち最も適切なものはどれか。

1）耐用年数が2年未満の資産

2）取得価額が20万円未満の資産で法人税法等の規定により一時に損金算入されたもの（少額償却資産）

3）取得価額が20万円未満の資産で法人税法等の規定により5年以内に一括して均等償却するもの（一括償却資産）

4）自動車税および軽自動車税の対象となるもの

・解説と解答・

地方税法上の「少額資産」にあたり、固定資産税（償却資産）の申告の必要がないのは次の①から③までの資産である。

①10万円未満の資産のうち、法人税法施行令133条または所得税法施行令138条の規定により一時に損金算入する資産

②20万円未満の資産のうち、法人税法施行令133条の2第1項または所得税法施行令139条1項の規定により3年間で一括償却した資産

③地方税法施行令49条ただし書きによる、法人税法64条の2第1項または所得税法67条の2第1項に規定するリース資産のうち、取得価額が20万円未満の資産

その他、申告対象とならないものとして、耐用年数が1年未満の資産や、自動車税および軽自動車税の対象となるものなどがある。

1）不適切である。耐用年数が1年未満の資産である。

2）不適切である。取得価額が10万円未満の資産である。

3）不適切である。5年以内に一括してではなく、3年以内に一括して均等償却するものである。

4）適切である。

正解　4）

４－25　法人事業税の外形標準課税

《問》法人事業税の外形標準課税に関する以下の文章の空欄①、②に入る語句の組合せとして、次のうち最も適切なものはどれか。

> 公益法人等を除く資本の金額または出資金額が１億円を超える法人に対し外形標準課税を課す場合、地方税は、法人の所得に対して課税する所得割、事業の収益分配額と単年度損益の合算に対して課税する（　①　）割、企業の規模（資本金等の額）に対して課税する（　②　）割の３つを別個に計算し、合算して課税する。

1）①付加価値　　②資本
2）①付加価値　　②均等
3）①資本　　②付加価値
4）①均等　　②資本

・解説と解答・

公益法人等を除く資本の金額または出資金額が１億円を超える法人に対し外形標準課税を課す場合、地方税は、法人の所得に対して課税する所得割、事業の収益分配額と単年度損益の合算に対して課税する（①付加価値）割、企業の規模（資本金等の額）に対して課税する（②資本）割の３つを別個に計算し、合算して課税する。

なお、2024年度地方税法改正で、資本金１億円以下への減資への対応として、「外形標準課税の対象法人について、現行基準（資本金１億円超）を維持した上で、当分の間、前事業年度に外形標準課税の対象であった法人であって、当該事業年度に資本金１億円以下で、資本金と資本剰余金の合計額が10億円を超えるものは、外形標準課税の対象とする」こととされた（2025年４月１日以後に開始する事業年度から適用）。

正解　1）

4－26　ソフトウエア・リース（Ⅰ）

《問》ソフトウエア・リース取引のリース期間終了時または中途解約時の処理に関する以下の文章の空欄①、②に入る語句の組合せとして、次のうち最も適切なものはどれか。

> ソフトウエア・リース契約の終了時または中途解約時において、ユーザーは当該ソフトウエアの使用を終了する旨を記載した書面（契約終了通知書）をリース会社に対して交付することにより（　①　）を行い、リース会社は、原則として、ユーザーから受領した「契約終了通知書」の（　②　）をメーカー等に送付する。ただし、リース会社のメーカー等への「契約終了通知書」の（　②　）の送付については、その契約に別段の定めがある場合は、当該契約に基づき処理することができる。

1）①返還・廃棄　　②写し
2）①変換・廃棄　　②原本
3）①返還　　②写し
4）①返還　　②原本

・解説と解答・

ソフトウエア・リース契約の終了時または中途解約時において、ユーザーは当該ソフトウエアの使用を終了する旨を記載した書面（契約終了通知書）をリース会社に対して交付することにより（①返還・廃棄）を行い、リース会社は、原則として、ユーザーから受領した「契約終了通知書」の（②写し）をメーカー等に送付する。ただし、リース会社のメーカー等への「契約終了通知書」の（②写し）の送付については、その契約に別段の定めがある場合は、当該契約に基づき処理することができる（国税庁「ソフトウエア・リース取引に係る税務上の取扱いに関する質疑応答」参照）。

正解　1）

4－27　ソフトウエア・リース（Ⅱ）

《問》ソフトウエアの耐用年数を3年とするソフトウエア・リース取引について、税制上、売買取引として扱わないリース期間となるものとして、次のうち最も適切なものはどれか。なお、リース期間がハードウエアの耐用年数を基準として、ハードウエアと一体で設定されて取引されてはいないものとする。

1）1年
2）2年
3）2年6カ月
4）3年

•解説と解答•

次のリース期間によるものは、法人税法64条の2第2項の売買取引に該当しない。

①当該ソフトウエアの耐用年数とリース期間とが合致しているもの（例示：5年のもの）または当該ソフトウエアの耐用年数以上で、かつ、当該耐用年数の100分の120以下のもの（例示：5年以上6年以下のもの）。

②リース期間がハードウエアの耐用年数を基準として、ハードウエアと一体で設定されて取引されているもの（例示：ハードウエアの耐用年数6年の場合、4年（6年×70%）以上6年（5年×120%）以下のもの）。

（注）「リース期間がハードウエアの耐用年数を基準として、ハードウエアと一体で設定されて取引されているもの」とは、ハードウエアと一体で使用されるもので、かつ、既往のリース取引の状況等からみて、リース期間終了時に返還・使用終了等または再リースがハードウエアと同時付随的に行われるもの。

1）不適切である。
2）不適切である。
3）不適切である。
4）適切である。

正解　4）

4－28　リース取引のインボイス

《問》リース取引のインボイス（適格請求書）に関する次の記述のうち、最も適切なものはいくつあるか。

①ファイナンス・リースは、リース開始時に全額の仕入税額控除を行うことが原則のため、リース会社はリース開始時にインボイスを交付する。
②税法上売買取引となるファイナンス・リースは、2023年9月30日までにリースを開始した場合、同年10月1日以降にユーザーがリース会社に支払うリース料に係る消費税の仕入税額控除について、インボイスは不要である。
③税法上賃貸借取引となるオペレーティング・リースは、リース料に係る消費税を仕入税額控除する場合、2023年9月30日以前にリースを開始した取引について、同年10月1日以降にユーザーがリース会社に支払うリース料に対してインボイスが必要である。

1）1つ
2）2つ
3）3つ
4）0（なし）

・解説と解答・

①適切である（リース事業協会リーフレット「リース取引のインボイス」）。
②適切である（リース事業協会リーフレット「リース取引のインボイス」）。
③適切である（リース事業協会リーフレット「リース取引のインボイス」）。

インボイス（適格請求書）は、売手が買手に対して、正確な適用税率や消費税額等を伝えるものである。具体的には、現行の「区分記載請求書」に「登録番号」、「適用税率」および「消費税額等」の記載が追加された書類やデータのことをいう。インボイス制度において、売手である登録事業者は、買手である取引相手（課税事業者）から求められたときは、インボイスを交付しなければならない。また、交付したインボイスの写しを保存しておく必要がある。買手は仕入税額控除の適用を受けるために、原則として、取引相手（売手）である登録事業者から交付を受けたインボイスの保存等が必要となる。リース取引においては、リース会社がユーザーにインボイスを交付することになる。

正解　3）

[巻末資料]

（出所：「リース契約書（参考）」リース事業協会（2018年３月改訂））

契約No.
　　年　　月　　日

リース契約書（参考）

賃借人（甲）

住所

氏名　　　　　　　　　　　　　　㊞

賃貸人（乙）

住所

氏名　＊＊＊＊リース株式会社
　　　代表取締役社長　●●●●　　㊞

連帯保証人

住所

氏名　　　　　　　　　　　　　　㊞

連帯保証人

住所

氏名　　　　　　　　　　　　　　㊞

上記の者は下記のとおり契約し，この契約の成立を証するため本書２通を作成し，甲，乙が各１通を保持します。

（リース契約の目的）

第１条　乙は，甲が指定する別表⑴記載の売主（以下「売主」という。）から，甲が指定する別表⑵記載の物件（ソフトウエア付きの場合はソフトウエアを含む。以下同じ。以下「物件」という。）を買受けて甲にリースし，甲はこれを借受けます。

（中途解約の禁止）

第２条　この契約は，この契約に定める場合を除き解除することはできません。

（物件の引渡し）

第３条①　物件は，売主から別表⑶記載の場所に搬入されるものとし，甲は，物件が搬入されたときから引渡しのときまで善良な管理者の注意をもって，甲の負担で売主のために物件を保管します。

②　甲は，搬入された物件について直ちに甲の負担で検査を行い，物件の品質，種類及び数量（規格，仕様，性能その他物件につき甲が必要とする一切の事項を含む。以下これらを総称して「物件の品質等」という。）がこの契約の内容に適合していることを確認したとき，借受日を記載した物件借受証［注１］を乙に発行するものとし，乙が物件借受証を受け取ったときに，この借受日をもって乙から甲に物件が引渡されたものとします。

③　前項に基づく検査の結果，物件の品質等がこの契約の内容に適合していない（以下「物件の品質等の不適合」という。）ときは，甲は，直ちにこれを乙に書面で通知し，売主との間でこれを解決した後，前項に従い，物件借受証［注１］を乙に発行するものとします。

④　甲が物件の引渡しを不当に拒んだり，遅らせたりしたときは，乙からの催告を要しないで通知のみで，この契約を解除されても，甲は異議がないものとします。この場合，売主から請求があったときは，甲は，その請求の当否について売主との間で解決します。

［注１］物件受領書，物件受取書，検収完了証等の用語も使用されているが，ここでは「物件借受証」とした。

（物件の使用・保管）

第４条①　甲は，前条による物件の引渡しを受けたときから別表⑶記載の場所において物件を使用できます。

②　甲は，法令等を遵守し善良な管理者の注意をもって，物件を事業または職務のために通常の用法に従って使用及び保管するとともに，物件が常時正常な使用状態及び十分に機能する状態を保つように保守，点検及び整備を行うものとします。

また，物件が損傷したときは，その原因のいかんを問わず，甲が修繕するものとします。

③　甲は，前項のために必要となる一切の費用を負担し，乙に対しこれらの費用の償還等を請求することはできないものとします。

（リース期間）

第５条　リース期間は別表⑷記載のとおりとし，物件借受証記載の借受日より起算します。

（リース料）

第６条　甲は，乙に対して別表⑸記載のリース料を同表記載の期日に同表記載の方法で支払います。

（前払リース料）

第７条①　甲は，この契約に基づく甲の債務履行を担保するため，乙に対して別表⑹記載のとおり前払リース料を支払います。

②　前払リース料は，最終月から遡って別表⑹記載の月数分のリース料並びにこれに対する消費税及び地方消費税（以下「消費税等」という。）額に，その支払日が到来する都度，充当されるものとし，前払リース料には利息を付さないものとします。

③　甲が第20条第１項各号の一つにでも該当したときは，乙は前項の規定にかかわらず，かつ，事前の意思表示を要しないで，前払リース料をもって甲に対するすべての債権の全部または一部に充当することができます。

④　甲は，前払リース料の支払いをもって，乙に対する一切の支払義務を免れることができません。

注）2020年４月１日から施行される改正民法を踏まえ，リース契約書（参考）を改訂した。

(物件の所有権標識)

第８条①　乙は、乙が物件の所有権を有する旨の標識（以下「乙の所有権標識」という。）を物件に貼付することができるものとし，また，甲は，乙から要求があったときは，物件に乙の所有権標識を貼付します。

②　甲は，リース期間中，物件に貼付された乙の所有権標識を維持します。

(物件の所有権侵害の禁止等)

第９条①　甲は，物件を第三者に譲渡したり，担保に差し入れたりするなど乙の所有権を侵害する行為をしません。

②　甲は，乙の事前の書面による承諾を得ない限り，次の行為をしません。

1．物件を他の不動産または動産に付着させること。

2．物件の改造，加工，模様替えなどによりその原状を変更すること。

3．物件を第三者に転貸すること。

4．物件の占有を移転し，または別表(3)記載の場所から物件を移動すること。

5．この契約に基づく甲の権利または地位を第三者に譲渡すること。

③　乙の事前の書面による承諾を得て物件を不動産に付着させる場合は，甲は，事前に不動産の所有者等から，物件がその不動産に付合しない旨の書面を，また，物件を不動産から収去させるときに不動産に生ずる損傷について，乙に対して何らの修補または損害賠償請求を行わない旨の書面を提出させます。

④　物件に付着した動産の所有権は，乙が書面により甲の所有権を認めた場合を除き，すべて無償で乙に帰属します。

⑤　第三者が物件について権利を主張し，保全処分または強制執行等により乙の所有権を侵害するおそれがあるときは，甲は，この契約書等を提示し，物件が乙の所有であることを主張かつ証明して，その侵害防止に努めるとともに，直ちにその事情を乙に通知します。

(物件の点検等)

第10条　乙または乙の指定した者が，物件の現状，稼働及び保管状況を点検または調査することを求めたときは，甲は，これに応じます。

(事業状況の報告)

第11条　甲及び連帯保証人は，乙から要求があったときは，その事業の状況を説明し，各事業年度の計算書類その他乙の指定する関係書類を乙に提出します。

(通知事項)

第12条　甲または連帯保証人は，次の各号の一つにでも該当するときは，その旨を遅滞なく書面により乙に通知します。

1．名称または商号を変更したとき。

2．住所を移転したとき。

3．代表者を変更したとき。

4．事業の内容に重要な変更があったとき。

5．合併，会社分割，資本金若しくは準備金の額の減少，主要株主その他の実質的支配者の変動があったとき。

6．財務または営業状況に著しい悪影響を及ぼす訴訟，仲裁，調停等の申立て若しくは開始の事実が発生し，またはそのおそれがあるとき。

7．第20条第１項第３号から第５号までの事実が発生し，またはそのおそれがあるとき。

(費用負担等)

第13条①　甲は，この契約の締結に関する費用及びこの契約に基づく甲の債務履行に関する一切の費用を負担します。

②　乙は，固定資産税を納付するものとし，リース期間中に固定資産税額が増額された場合には，甲は，その増額分を乙の請求に従い乙に支払います。

③　甲は，この契約の成立日の税率に基づいて計算した別表(5)及び(6)［注２］記載の消費税等相当額を負担するものとし，消費税等額が増額された場合には，その増額分を乙の請求に従い乙に支払います。

④　甲は，固定資産税及び消費税等以外で物件の取得，所有，保管，使用及びこの契約に基づく取引に課され，または課されることのある諸税相当額を名義人のいかんにかかわらず負担します。

⑤　乙が前項記載の諸税を納めることとなったときは，その納付の前後を問わず，甲は，これを乙の請求に従い乙に支払います。

［注２］第22条（再リース）で第２案を採用する場合には「別表(5)及び(6)」が「別表(5)，(6)及び(11)」となる。

(相殺禁止)

第14条　甲は，この契約に基づく債務を，乙または乙の承継人に対する債権をもって相殺することはできません。

(物件の保険)

第15条①　乙は，リース期間中（再リース期間を除く。），物件に別表(7)記載の保険を付保します。

②　物件に係る保険事故が発生したときは，甲は直ちにその旨を乙に通知するとともに，その保険金受取りに必要な一切の書類を遅滞なく乙に提出します。

③　前項の保険事故に基づいて乙に保険金が支払われたときは，甲及び乙は次の各号の定めに従います。

1．物件が修繕可能の場合には，乙は，甲が第４条第２項の規定に従って物件を修繕した場合に限り，第４条第３項の規定に従って修繕のために支払った費用に充てるため，この金額を限度として保険金相当額を甲に支払います。

2．物件が滅失（修繕不能及び盗難を含む。以下同じ。）した場合には，甲は，乙に支払われた保険金額を限度として，第18条第２項の債務の弁済を免れます。

(物件の品質等の不適合等)

第16条①　天災地変，戦争その他の不可抗力，運送中の事故，労働争議，法令等の改廃，売主の都合及び乙の故意または重大な過失が認められない事由によって，物件の引渡しが遅延し，または不能になったときは，乙は，一切の責任を負いません。

②　物件の品質等の不適合があった場合並びに物件の選択または決定に際して甲に錯誤があった場合においても，乙は，一切の責任を負いません。

③　前二項の場合，甲は売主に対し直接請求を行い，売主との間で解決するものとします。また，甲が乙に対し書面で請求し，乙が譲渡可能であると認めてこれを承諾するときは，乙

の売主に対する請求権を甲に譲渡する手続をとるなどにより，乙は，甲の売主への直接請求に協力するものとします。

④　第２項の場合において，甲が，乙に対してリース料の全部［注３］その他この契約に基づく一切の債務を履行したときは，乙は売主に対する買主の地位を譲渡する手続をとるものとします。ただし，前項及び本項の場合，乙は，売主の履行能力並びに請求権の譲渡に係る諸権利の存否を担保しません。

⑤　甲は，第３項に基づいて，売主に対して権利を行使する場合においても，リース料の支払いその他この契約に基づく債務の弁済を免れることはできません。

［注３］ここでは「リース料の全部」（Ａ方式）としたが，Ｂ方式採用の場合には「規定損害金」，Ｃ方式採用の場合には「損害賠償として残存リース料相当額」となる。

（物件使用に起因する損害）

第17条①　物件自体または物件の設置，保管及び使用によって，第三者が損害を受けたときは，その原因のいかんを問わず，甲の責任と負担で解決し，乙に何らの負担を負わせないものとします。 また，甲及び甲の従業員が損害を受けた場合も同様とします。

②　前項において，乙が損害の賠償をした場合，甲は乙が支払った賠償額を乙に支払います。

③　物件が第三者の特許権，実用新案権，商標権，意匠権または著作権その他知的財産権に抵触することによって生じた損害及び紛争について，前二項の定めを準用します。

（物件の滅失・損傷）

第18条①　物件の引渡しからその返還までに，物件が滅失若しくは損傷した場合，または物件を使用及び収益することができない期間（物件の保守，点検，整備，修繕等に要する期間を含むがこれらに限られない。）が生じた場合，甲は，その原因のいかんを問わず，リース料の支払いを拒むことができず，乙に対し，物件の修補，代替物の引渡し，リース料の減額及び休業補償その他損害賠償の請求をすることはできません。また，この場合において，甲がこの契約に基づく甲の目的を達成することができないときであっても，甲はこの契約を解除することはできないものとします。

②　物件の引渡しからその返還までに，物件が滅失した場合，甲は，物件滅失日以後のリース料の支払いに代えて，直ちに別表(8)記載の損害賠償金を乙に支払います。ただし，乙に生じた損害が別表(8)記載の損害賠償額を超えるときは，甲は，その超過額を乙に支払います。また，物件が残存しているときは，甲は，乙の指示に従い，甲の責任と負担で物件を乙に返還します。

③　前項の支払いがなされたとき，この契約は終了します。

（権利の移転等）

第19条①　乙は，この契約に基づく権利を第三者に担保に入れ，または譲渡することができます。

②　乙は，物件の所有権をこの契約に基づく乙の地位とともに，第三者に担保に入れ，または譲渡することができるものとし，甲はこれについてあらかじめ承諾します。

③　乙は，この契約による権利を守り，若しくは回復するため，または第三者より異議若しくは苦情の申立てを受けたため，やむを得ず必要な措置をとったときは，物件搬出費用，弁護士報酬等一切の費用を甲に請求できます。

【Ａ方式】

（契約違反・期限の失効）

第20条①　甲が，次の各号の一つにでも該当したときは，乙は，催告を要しないで通知のみで，(A)リース料及びその他費用の全部または一部の即時弁済の請求，(B)物件の引揚げまたは返還の請求，(C)リース契約の解除と損害賠償の請求，の行為の全部または一部を行うことができます。

１．リース料の支払いを１回でも怠ったとき。

２．この契約またはこの契約以外の甲乙間の契約の条項の一つにでも違反したとき。

３．小切手若しくは手形の不渡りまたは電子記録債権の支払不能を１回でも発生させたときその他支払いを停止したとき。

４．仮差押え，仮処分，強制執行，競売の申立て若しくは諸税の滞納処分または保全差押えを受け，または民事再生，破産，会社更生その他債務整理・事業再生に係る手続開始の申し立てがあったとき。

５．事業を廃止または解散し，若しくは官公庁からの業務停止等業務継続不能の処分を受けたとき。

６．経営が悪化し，若しくはそのおそれがあると認められる相当の理由があるとき。

７．連帯保証人が第３号から第５号までの一つにでも該当した場合において，乙が相当と認める保証人を追加しなかったとき。

②　乙によって前項(A)，(B)の行為がとられた場合でも，甲は，この契約に基づくその他の義務を免れることはできません。

【Ｂ方式】

（契約違反）

第20条①　甲が，次の各号の一つにでも該当したときは，乙は，催告を要しないで通知のみで，この契約を解除できます。

１．リース料の支払いを１回でも怠ったとき。

２．この契約またはこの契約以外の甲乙間の契約の条項の一つにでも違反したとき。

３．小切手若しくは手形の不渡りまたは電子記録債権の支払不能を１回でも発生させたときその他支払いを停止したとき。

４．仮差押え，仮処分，強制執行，競売の申立て若しくは諸税の滞納処分または保全差押えを受け，または民事再生，破産，会社更生その他債務整理・事業再生に係る手続開始の申し立てがあったとき。

５．事業を廃止または解散し，若しくは官公庁からの業務停止等業務継続不能の処分を受けたとき。

６．経営が悪化し，若しくはそのおそれがあると認められる相当の理由があるとき。

７．連帯保証人が第３号から第５号までの一つにでも該当した場合において，乙が相当と認める保証人を追加しなかったとき。

②　前項の規定によりこの契約が解除されたときは，甲は第23条第１項の規定に基づき，直ちに物件を乙に返還するとともに，別表(9)記載の規定損害金を乙に支払います。

【C方式】

（契約違反・期限の失効）

第20条① 甲が，次の各号の一つにでも該当したときは，甲は，乙からの通知及び催告を要しないで，当然にこの契約に基づく期限の利益を失うものとし，残存リース料全額を直ちに乙に支払います。

1．リース料の支払いを１回でも怠ったとき。
2．この契約またはこの契約以外の甲乙間の契約の条項の一つにでも違反したとき。
3．小切手若しくは手形の不渡りまたは電子記録債権の支払不能を１回でも発生させたときその他支払いを停止したとき。
4．仮差押え，仮処分，強制執行，競売の申立て若しくは諸税の滞納処分または保全差押えを受け，または民事再生，破産，会社更生その他債務整理・事業再生に係る手続開始の申し立てがあったとき。
5．事業を廃止または解散し，若しくは官公庁からの業務停止等業務継続不能の処分を受けたとき。
6．経営が悪化し，若しくはそのおそれがあると認められる相当の理由があるとき。
7．連帯保証人が第３号から第５号までの一つにでも該当した場合において，乙が相当と認める保証人を追加しなかったとき。

② 甲が乙に対して直ちに前項の支払いをしないときは，乙は，催告を要しないで通知のみで，この契約を解除することができます。

③ 前項の規定に基づき，乙がこの契約を解除したときは，甲は，第23条第１項の規定に基づいて物件を乙に返還するとともに，損害賠償として残存リース料相当額を直ちに乙に支払います。

④ 前項の場合，乙が物件の返還を不能と判断したときは，甲は乙の請求により損害賠償として，別表⑼記載の損害賠償金を直ちに乙に支払います。

（遅延損害金）

第21条 甲は，第６条のリース料，その他この契約に基づく金銭の支払いを怠ったとき，または乙が甲のために費用を立替払いした場合の立替金償還を怠ったときには，支払うべき金額に対して支払期日または立替払日の翌日からその完済に至るまで，別表⑽記載の割合による遅延損害金を乙に支払います。

【第１案】

（再リース）

第22条 甲が，リース期間が満了する２か月前［注４］までに乙に対して予告した場合には，甲と乙は協議して物件について新たなリース契約を締結できます。

【第２案】

（再リース）

第22条 リース期間が満了する２か月前［注４］までに甲から乙に対して申出があり，乙がこれを承諾したときは，甲と乙は，別表⑾記載の再リース料及び別表⑿記載の再リース規定損害金をもって，その他はこの契約と同一条件でこの契約の満了日の翌日から更に１年間再リースできるものとし，以後についても同様とします。

［注４］ここでは，例示として「２か月前」とした。

（物件の返還・清算）

第23条① この契約がリース期間の満了または解除により終了したとき，若しくは第20条第１項によって乙から物件の返還の請求があったときは［注５］，甲は，直ちに甲の責任と負担で，物件の引渡し完了後に生じた損傷（通常の使用及び収益によって生じた損耗並びに経年劣化を除き，甲の責任によらない事由による損傷を含む。）を原状に回復したうえ，乙の請求に従い乙の指定する場所に返還します。なお，第９条第４項により甲の所有権が認められた動産が物件に付着しているときは，甲は，甲の責任と負担で当該動産をすべて分離収去しなければならないものとします。また，物件にデータ（電磁的記録）が記録されているときは，甲は，甲の責任と負担で当該データを消去して物件を乙に返還するものとし，返還後に当該データが漏洩したとしても，乙は，一切の責任を負いません。

② 甲が物件の返還を遅延したときは，甲は返還完了まで，遅延日数に応じてリース料相当額の損害金を乙の請求に従い乙に支払うとともに，この契約の定めに従います。

③ 甲が物件の返還を遅延した場合において，乙または乙の指定する者による所在場所からの物件の引揚げについて，甲は，これを妨害したり拒んだりしません。なお，物件の引揚げに関する一切の費用は甲の負担とします。

④ 甲が物件に付着させた動産の収去または物件の原状回復を怠ったときは，甲は，乙が支払った当該動産の収去及び物件の原状回復に要した費用を乙の請求に従い乙に支払うとともに，乙が蒙った損害のすべてを賠償します。

⑤ リース期間の満了以外の事由により，物件が返還され，かつ，第20条第１項⒜のリース料及びその他費用の全部［注６］が支払われたときは，その金額を限度として，乙の選択により，物件を相当の基準に従って乙が評価した金額または相当の基準に従って処分した金額から，その評価または処分に要した一切の費用及び乙が相当の基準に従って評価した満了時の見込残存価額を差引いた金額を甲に返還します。本項の規定は前条の再リースには適用されません。

⑥ 甲から乙に物件が返還され，乙が当該物件を廃棄処分し，この契約締結時に施行されていない法令（物件の廃棄処分に適用される法律，政令，省令，条例等であって，この契約締結時に施行されている法令が改正された場合も含む。）により廃棄等の費用が生じた場合は，乙は甲に当該費用の全部または一部の負担を求めることができます。

［注５］ここではＡ方式を示しているが，Ｂ，Ｃ方式の場合には，「若しくは第20条第１項によって乙から物件の返還の請求があったときは」を削除する。

［注６］ここではＡ方式を示しているが，Ｂ方式の場合には「第20条第２項の規定損害金」，Ｃ方式の場合には「第20条第３項の損害賠償として残存リース料相当額」となる。

【特定債務保証型】

（連帯保証人）

第24条① 連帯保証人は，この契約に基づく甲の乙に対する次の各号に掲げる支払債務（以下「主たる債務」という。）を保証し，甲と連帯して，債務履行の責任を負います。

1．第６条に規定するリース料及び第13条第３項の消費税等相当額
2．第18条第２項に規定する損害賠償金（別表(8)記載の金額）
3．第20条第１項に規定するリース料の全部［注７］
4．前各号に係る第21条に規定する遅延損害金

② 乙が連帯保証人のいずれか一人に対して履行の請求をしたときは，甲及び他の連帯保証人に対しても，この履行の請求の効力が生ずるものとします。

③ 連帯保証人が保証債務を履行した場合，連帯保証人は，この契約及び第22条の再リース契約に基づく取引が終了し，かつ，主たる債務すべてが弁済されるまで，書面による乙の事前の承諾がなければ乙の権利に代位しません。

④ 連帯保証人は，乙がその都合によって他の保証または担保を変更若しくは解除しても，免責の主張及び損害賠償の請求をしません。

⑤ 連帯保証人が法人でないときは，以下の規定が適用されるものとします。

1．甲は，以下の情報をすべて，法人ではない連帯保証人に提供済みであること，及び提供した情報が真実，正確であり，かつ，不足がないことを，乙に対して表明及び保証します。
ア 財産及び収支の状況
イ 主たる債務以外に負担している債務の有無並びにその額及び履行状況
ウ 主たる債務の担保として他に提供し，または提供しようとするものがあるときは，その旨及びその内容
2．法人ではない連帯保証人は，甲から前号の情報すべての提供を受けたことを，乙に対して表明及び保証します。

⑥ 甲は，乙が連帯保証人に対して，甲の乙に対する債務の履行状況を開示することをあらかじめ承諾します。

［注７］ここでは第20条においてＡ方式を採用している場合を示しているが，Ｂ方式の場合は「第20条第２項に規定する規定損害金」，Ｃ方式の場合には「第20条第３項に規定する残存リース料相当額」となる。

【根保証型】

（連帯保証人）

第24条① 連帯保証人は，この契約及び第22条の新たなリース契約［注８］に基づく甲の乙に対する一切の債務（以下「主たる債務」という。）を保証し，甲と連帯して，債務履行の責任を負います。

② 乙が連帯保証人のいずれか一人に対して履行の請求をしたときは，甲及び他の連帯保証人に対しても，この履行の請求の効力が生ずるものとします。

③ 連帯保証人が保証債務を履行した場合，連帯保証人は，この契約及び第22条の再リース契約に基づく取引が終了し，かつ，主たる債務すべてが弁済されるまで，書面による乙の事前の承諾がなければ乙の権利に代位しません。

④ 連帯保証人は，乙がその都合によって他の保証または担保を変更若しくは解除しても，免責の主張及び損害賠償の請求をしません。

⑤ 連帯保証人が法人でないときは，以下の規定が適用されるものとします。

1．法人ではない連帯保証人の本条に基づく保証債務の極度額は，別表(13)記載の金額とします。法人である連帯保証人につき，その保証債務に極度額は定めません。
2．甲は，以下の情報をすべて，法人ではない連帯保証人に提供済みであること，及び提供した情報が真実，正確であり，かつ，不足がないことを，乙に対して表明及び保証します。
ア 財産及び収支の状況
イ 主たる債務以外に負担している債務の有無並びにその額及び履行状況
ウ 主たる債務の担保として他に提供し，または提供しようとするものがあるときは，その旨及びその内容
3．法人ではない連帯保証人は，甲から前号の情報すべての提供を受けたことを，乙に対して表明及び保証します。

⑥ 甲は，乙が連帯保証人に対して，甲の乙に対する債務の履行状況を開示することをあらかじめ承諾します。

［注８］ここでは「新たなリース契約」とし，第22条で第１案を採用した場合を示しているが，第２案を採用する場合には「再リース契約」となる。

（弁済の充当）

第25条 この契約に基づく甲の弁済が債務全額を消滅させるに足りないときは，乙は，乙が適当と認める順序及び方法により充当することができ，甲は，その充当に対して異議を述べません。

（反社会的勢力の排除）

第26条① 甲及び連帯保証人は，この契約（再リース契約を含む。）の締結日において，自ら及びそれぞれの役員が，暴力団，暴力団員，暴力団員でなくなった時から５年を経過しない者，暴力団準構成員，暴力団関係企業，暴力団関係団体，総会屋，社会運動等標ぼうゴロ，特殊知能暴力集団等，その他これらに準ずる者（以下「暴力団等」と総称する。）に該当しないこと，及び次の各号のいずれにも該当しないことを表明し，かつ将来にわたっても該当しないことを確約します。

1．暴力団等が経営を支配していると認められる関係を有すること。
2．暴力団等が経営に実質的に関与していると認められる関係を有すること。
3．自己，自社若しくは第三者の不正の利益を図る目的または第三者に損害を加える目的をもってするなど，不当に暴力団等の威力を利用していると認められる関係を有すること。
4．暴力団等に対して資金等を供給し，または便宜を供与するなどの関与をしていると認められる関係を有すること。
5．その他暴力団等との社会的に非難されるべき関係を有すること。

② 甲及び連帯保証人は，自らまたはそれぞれの役員若しくは第三者を利用して次の各号に該当する行為を行わないことを確約します。

1．暴力的な要求行為。
2．法的な責任を超えた不当な要求行為。
3．乙との取引に関して，脅迫的な言動をし，または暴力を用いる行為。
4．風説を流布し，偽計を用いまたは威力を用いて乙の信

用を毀損し，または乙の業務を妨害する行為。

5．その他前各号に準ずる行為。

③　甲，連帯保証人またはそれぞれの役員が，暴力団等若しくは第１項各号のいずれかに該当し，若しくは前項各号のいずれかに該当する行為をし，または第１項の規定に基づく表明・確約に反する事実が判明したときは，乙は，催告を要しないで通知のみで，この契約を解除することができ，解除に伴う措置については第20条第１項（A方式１項，B方式 ２項，C方式３項）［注９］，第21条，第23条が適用されるものとします。

④　前項の乙の権利行使により，甲，連帯保証人または当該役員に損害が生じても，乙は一切の責任を負担しません。

［注９］ここでは第20条においてA方式を採用した場合を示した。B方式を採用した場合は第20条第２項となり，C方式（折衷型）を採用した場合は第20条第３項となる。

（特約）

第27条①　別表⒁［注10］記載の特約は，この契約の他の条項に優先して適用されます。

②　この契約と異なる合意は，別表⒁［注10］に記載するか，別に書面で甲と乙とが合意しなければ効力はないものとします。

［注10］ここでは「別表⒁」とし，第22条で第２案，かつ，第24条で根保証型を採用した場合を示している。

（合意管轄）

第28条　甲及び連帯保証人，乙は，この契約について訴訟の必要が生じたときは，乙の本店を管轄する地方裁判所のみを第一審の専属管轄裁判所とすることに合意します。

（通知の効力）

第29条　第20条の通知その他この契約に関し乙が甲または連帯保証人に対して発した書面であって，この契約書記載または第12条により通知を受けた甲または連帯保証人の住所あてに差し出された書面は，通常到達すべきときに到達したものとみなし，甲は不着または延着によって生じた損害または不利益を乙に対して主張することはできません。

（公正証書）

第30条　甲及び連帯保証人は，乙から請求があったときは，甲の費用負担でこの契約を強制執行認諾条項を付した公正証書とします。

別　表

<table>
<tr><td>(1)物件の売主
（第１条）</td><td colspan="6">商号・住所</td></tr>
<tr><td>(2)物件
（第１条）</td><td colspan="6">物件名・数量・製造者の商号・住所</td></tr>
<tr><td>(3)物件の搬入・引渡し・使用場所
（第３条・第４条・第９条）</td><td colspan="6"></td></tr>
<tr><td>(4)リース期間
（第５条）</td><td colspan="6">＿＿＿＿か月（ただし，物件借受証の借受日を始期とします。）</td></tr>
<tr><td rowspan="3">(5)リース料・消費税等額・支払回数・支払日・支払方法
（第６条・第13条）</td><td>１か月当たりリース料</td><td>円</td><td>消費税等額</td><td>円</td><td>計</td><td>円</td></tr>
<tr><td>支払回数</td><td></td><td>支払日</td><td colspan="3"></td></tr>
<tr><td>支払方法</td><td colspan="5"></td></tr>
<tr><td rowspan="3">(6)前払リース料
（第７条）</td><td>前払リース料</td><td>円</td><td colspan="4">（１か月当たり消費税額込みリース料×前払リース料充当月数）</td></tr>
<tr><td>前払リース料支払日</td><td colspan="5"></td></tr>
<tr><td>前払リース料充当月数</td><td></td><td colspan="4">前払リース料は最終月から遡って前払リース料充当月数分のリース料及び消費税等額に，その支払日が到来する都度，充当されます。</td></tr>
<tr><td>(7)保険
（第15条）</td><td colspan="6">動産総合保険　（ただし，地震，乙の故意または重大な過失，その他保険約款に定める免責条項に起因する損害については，担保されません。）
被保険者：乙</td></tr>
<tr><td>(8)損害賠償金
（第18条）</td><td colspan="6"></td></tr>
<tr><td>(9)規定損害金〔B方式〕
損害賠償金〔C方式〕
（第20条）</td><td colspan="6"></td></tr>
<tr><td>(10)遅延損害金
（第21条）</td><td colspan="6">年　　％
（１年に満たない端数期間については，１年を365日とする日割計算とします。）</td></tr>
<tr><td rowspan="2">(11)再リース料
（第13条，第22条）</td><td>再リース料</td><td>円</td><td>消費税等額</td><td>円</td><td>計</td><td>円</td></tr>
<tr><td>支払日</td><td colspan="5"></td></tr>
<tr><td>(12)再リース規定損害金
（第22条）</td><td colspan="6"></td></tr>
<tr><td>(13)極度額（根保証型）
（第24条）</td><td colspan="6"></td></tr>
<tr><td>(14)特約
（第27条）</td><td colspan="6"></td></tr>
</table>

（注）この別表は，第22条（再リース）で第２案，かつ，第24条（連帯保証人）で根保証型を採用する場合を示している。

2024年度　金融業務能力検定・サステナビリティ検定

等級	試験種目		受験予約開始日	配信開始日（通年実施）	受験手数料（税込）
Ⅳ	金融業務4級　実務コース		受付中	配信中	4,400 円
Ⅲ	金融業務3級　預金コース		受付中	配信中	5,500 円
	金融業務3級　融資コース		受付中	配信中	5,500 円
	金融業務3級　法務コース		受付中	配信中	5,500 円
	金融業務3級　財務コース		受付中	配信中	5,500 円
	金融業務3級　税務コース		受付中	配信中	5,500 円
	金融業務3級　事業性評価コース		受付中	配信中	5,500 円
	金融業務3級　事業承継・M＆Aコース		受付中	配信中	5,500 円
	金融業務3級　リース取引コース		受付中	配信中	5,500 円
	金融業務3級　DX（デジタルトランスフォーメーション）コース		受付中	配信中	5,500 円
	金融業務3級　シニアライフ・相続コース		受付中	配信中	5,500 円
	金融業務3級　個人型DC（iDeCo）コース		受付中	配信中	5,500 円
	金融業務3級　シニア対応銀行実務コース		受付中	配信中	5,500 円
	金融業務3級　顧客本位の業務運営コース		–	上期配信	5,500 円
Ⅱ	金融業務2級　預金コース		受付中	配信中	7,700 円
	金融業務2級　融資コース		受付中	配信中	7,700 円
	金融業務2級　法務コース		受付中	配信中	7,700 円
	金融業務2級　財務コース		受付中	配信中	7,700 円
	金融業務2級　税務コース		受付中	配信中	7,700 円
	金融業務2級　事業再生コース		受付中	配信中	11,000 円
	金融業務2級　事業承継・M＆Aコース		受付中	配信中	7,700 円
	金融業務2級　資産承継コース		受付中	配信中	7,700 円
	金融業務2級　ポートフォリオ・コンサルティングコース		受付中	配信中	7,700 円
	DCプランナー2級		受付中	配信中	7,700 円
Ⅰ	DCプランナー1級（※）	A分野（年金・退職給付制度等）	受付中	配信中	5,500 円
		B分野（確定拠出年金制度）	受付中	配信中	5,500 円
		C分野（老後資産形成マネジメント）	受付中	配信中	5,500 円
–	コンプライアンス・オフィサー・銀行コース		受付中	配信中	5,500 円
	コンプライアンス・オフィサー・生命保険コース		受付中	配信中	5,500 円
	個人情報保護オフィサー・銀行コース		受付中	配信中	5,500 円
	個人情報保護オフィサー・生命保険コース		受付中	配信中	5,500 円
	マイナンバー保護オフィサー		受付中	配信中	5,500 円
	AML／CFTスタンダードコース		受付中	配信中	5,500 円
	SDGs・ESGベーシック		受付中	配信中	4,400 円
	サステナビリティ・オフィサー		受付中	配信中	6,050 円

※　DCプランナー1級は、A分野・B分野・C分野の3つの試験すべてに合格した時点で、DCプランナー１級の合格者となります。

2024年度版
金融業務３級　リース取引コース試験問題集

2024年６月６日　第１刷発行

編　者　一般社団法人金融財政事情研究会
検定センター
発行者　加藤　一浩

〒160-8519　東京都新宿区南元町19
発 行 所　一般社団法人 金融財政事情研究会
販売受付　TEL 03(3358)2891　FAX 03(3358)0037
URL https://www.kinzai.jp

本書の内容に関するお問合せは、書籍名およびご連絡先を明記のうえ、FAXでお願いいたします。　お問合せ先　FAX03(3359)3343

本書に訂正等がある場合には、下記ウェブサイトに掲載いたします。
https://www.kinzai.jp/seigo/

印刷：三松堂株式会社

ISBN978-4-322-14525-0